Bibliografische Information der Deutschen Nationalbibliothek:
Die Deutsche Nationalbibliothek verzeichnet diese Publikation
in der Deutschen Nationalbibliografie; detaillierte
bibliografische Daten sind im Internet über http://dnb.dnb.de
abrufbar.

1. Auflage 2020 Originalausgabe

Umschlagfoto und Design: Tobias Trapp - Shutterstock

Herstellung und Verlag: BoD – Books on Demand, Norderstedt

ISBN: 978-3-7526-2946-0

WENN DER KLÜGERE NACHGIBT, REGIERT DER DUMME DIE WELT

Mein Ausflug in die österreichische Werbewelt und welche Verantwortung Unternehmen jetzt übernehmen müssen

Dominic Köfner

In Liebe für Nadine und Linus.

»If you pay peanuts, you get monkeys.«

– James Goldsmith

Mit diesem Buch wende ich mich an alle Interessierten. Ich schreibe gleichermaßen für weibliche Leserinnen und männliche Leser und denke dabei auch an Lesende, die sich anderen Geschlechtern zugehörig fühlen. Ich mache es mir der angenehmen Lesbarkeit wegen so einfach wie möglich mit der Schriftsprache.

Vorwort

„Our house is on fire", mit dieser Botschaft rief Greta Thunberg einst zur Panik auf. Ob Panik das richtige Rezept ist, wage ich zu bezweifeln. Aber klar ist, dass das Haus auch in unserer Kommunikations- und Werbebranche brennt. Jedoch in einer wie ich finde sehr positiven Weise. Zumindest außerhalb Österreichs. Denn Feuer bedeutet nicht nur Zerstörung, sondern auch Licht und menschlichen Fortschritt.

In der Werbebranche brennt der digitale Fortschritt lichterloh, und das seit mindestens einem Jahrzehnt. Und wenn man nicht panisch reagiert („Machen Sie mir mal schnell eine neue Website"), sondern mit strategischem Können und digitaler Kompetenz, dann schaffen Marketing und Kommunikation einen massiven Wertbeitrag und tragen zum Unternehmenserfolg bei.

Dabei hat die Digitalisierung und der damit verbundene Aufstieg der Plattformökonomien wie Facebook, Amazon, Google und Apple Kommunikationsprofis in den Mittelpunkt der Aufmerksamkeit gezogen.

Noch vor einem Jahrzehnt war man in der Hierarchieebene von Unternehmensentscheidungen hierzulande, gelinde gesagt, nicht gerade in der Poleposition und durfte letztlich noch eine Pressemeldung schreiben oder eine schöne Kampagne entwickeln.

In modern geführten und erfolgreichen Unternehmen sitzen aber Kommunikation und Marketing mit am Vorstandstisch und werden als wesentliche Werttreiber geschätzt oder man will sich zumindest keine Fehler und damit die gefürchteten „Shitstorms" mehr erlauben.

„Communication matters and sells", das haben erfolgreiche Führungskräfte längst erkannt.

In angelsächsischen Ländern übrigens schon seit den 60er Jahren. Lesen Sie doch einmal etwas von David Ogilvy.

Mit dieser positiven Entwicklung kommen aber auch zahlreiche Herausforderungen. Vor allem die Herausforderung und Bereitschaft entsprechende Kompetenz auf Unternehmens- und Agenturseite aufzubauen.

Während in den angelsächsischen Ländern immer schon Kommunikation und Marketing eine sehr hohe Wertschätzung in Unternehmen hatten und Berater wie auch Agenturen als wichtige Werttreiber verstanden wurden, werden Führungspositionen in Marketing und Kommunikation bei uns in Österreich gerne mal nach Parteibuch und vor allem nach Bequemlichkeit vergeben. Solange man noch Unternehmensentscheidungen unter vier Augen im Kaffeehaus erledigen konnte, hat das scheinbar funktioniert. Bisher!

Denn neben dem Digitalisierungsdruck und dem exponentiellen Wachstum von Kanälen und Zielgruppen kommt jetzt eine Kompetenz hinzu, ohne die es eigentlich nur in wenigen abgeschotteten Märkten funktioniert hat und jetzt ausnahmslos erforderlich ist: hohes strategisches Verständnis für Markenpositionierung und Markenkommunikation.

In den letzten Jahren konnte man auf diversen internationalen Awards klar feststellen, dass „a geile Gschicht" heute die Stakeholder nicht mehr hinter dem Ofen hervorlockt. Erfolgreiche Unternehmen haben sich zunehmend darauf konzentriert, den eigenen „Daseinszweck" (neudeutsch: Purpose) bzw. das Why? zu hinterfragen und zu definieren.

Darauf aufbauend nehmen erfolgreiche Unternehmen und Marken, und zwar B2B2C, eine Haltung zu bestimmten Themen und zu ihrer Positionierung in der Gesellschaft ein, die sie entsprechend kommunizieren. Kampagnen mit Haltung waren und sind daher die großen Gewinner international relevanter Awards.

Vor allem aber Mitarbeiter und Kunden wollen heutzutage wissen, für was ein Unternehmen und seine Produkte stehen.

Um hier erfolgversprechende Antworten geben zu können, braucht es strategische, operative und technologische Kompetenz mit bestenfalls internationaler Erfahrung in den Kommunikations- und Marketingabteilungen Österreichs.

Auch wenn es für manche Unternehmenslenker unbequem ist, dass es Menschen in der Marketingabteilung gibt, die fundierte Meinungen formulieren können, so ist es doch im höchsten Maße erfolgsrelevant.

Denn, obgleich die Lage nicht schon unübersichtlich genug ist, man bedenke die unendlichen Möglichkeiten, die sich derzeit mit Sprachassistenzanwendungen wie Alexa und Siri oder künstlicher Intelligenz auftun, die nächste konkrete Herausforderung steht schon bevor.

Das nicht mehr ganz so neue Megathema: Nachhaltigkeit.

Dieses Thema ist omnipräsent und gehört zum Pflichtprogramm professioneller Kommunikation. Haben Sie sich mit diesem Thema schon inhaltlich auseinandergesetzt und eine klare Strategie entwickelt?

Wenn nicht: Es brennt in Ihrem Haus!

Wir leben in der Kommunikations- und Werbebranche in einem goldenen Zeitalter. Wir haben so viel Einfluss wie nie zuvor, mit unendlich vielen Werkzeugen und Lösungsmöglichkeiten.

Bei all den schlimmen Auswirkungen der Corona-Krise gibt es jedoch eine positive Auswirkung: Die Verlagerung zu Home-Office und Home-Shopping sorgte für einen Innovationssprung vieler Arbeitnehmer und Unternehmen. Corona war und ist insofern der beste „Chief Innovation Officer" der letzten Jahre. Wir stehen damit vor einem historischen Transformationsprozess, der einen massiven Produktivitätsschub zur Folge haben wird. Ein Blick in die jüngsten Krisen der letzten 20 Jahre zeigt, dass Unternehmen, die in der Krise entschieden in die Zukunft investieren und Know-How einkaufen, überproportional erfolgreich aus der Krise kommen.

Wenn wir also es jetzt schaffen, auf Unternehmens- und Agenturseite mit höchster Kompetenz und hoher gegenseitiger Wertschätzung einfache und richtige Antworten auf komplexe Herausforderungen zu geben, dann ist es in unserem schönen Land und in unserer Branche noch eine Minute vor zwölf.

Dafür bedarf es aber gerade in Österreich eines massiven Umdenkens bezüglich der Anforderungen an Marketing und Unternehmenskommunikation und einer deutlich höheren Durchlässigkeit und vor allem Wertschätzung für Neues und Fremdes.

Inhalt

Intro

Meeresluft umgibt mich, das Knattern der Fahnen und Knirschen der Spanten der vielen Boote und Jachten im Hafen vermitteln mir das übliche Sommerurlaubsgefühl, von dem man immer glaubt, man habe nicht genug, wenn es wieder nach Hause geht.

Auch der Blick von der Marina auf das wunderschöne Rovinj ist mir nicht fremd und regelmäßig erlebt. Ja, Istrien ist für mich und meine Familie ein zweites Zuhause geworden. Der Strand der Österreicher sozusagen. Gehörte ja alles mal vor langer Zeit zum Kaiserreich und in Cordoba haben wir gegen die Deutschen gewonnen und so weiter …

Doch diesmal ist alles anders. Wirklich alles.

So spät im Jahr, es ist bereits Oktober, war ich noch nie an der Küste. So alleine wie nie, ich war immer mit Familie unterwegs, und vor allem so sorgenfrei war ich noch nie seit meinem Berufsstart, der jetzt rund 20 Jahre zurückliegt. Einfach mal keine Projektsorgen, keine Mitarbeitersorgen und keine Budgetsorgen. Nichts.

Ja, ich bin in meinem sechsundvierzigsten Lebensjahr und empfinde mich der Halbzeit meines Schaffens näherkommend und nein, keine Angst, ich bin nicht in der Midlife-Crisis und nein, ich bin nicht frisch geschieden, sondern immer noch glücklich verheiratet. Alles in Butter also.

Anders ist aber vor allem, dass ich mich beruflich für ein paar Wochen ruhiggestellt habe und ich mir ganz in Ruhe Gedanken machen möchte, welche Karriere-Optionen ich künftig ergreifen werde. Einfach mal den Kopf frei machen ist die Devise und dann die richtige Entscheidung treffen. Anders gesagt: Die Qual der Wahl.

Diese kurze Auszeit ist jetzt zur physischen und psychischen Gesundung einfach notwendig, denn mein Ausflug in die Wiener Werbeszene war so ziemlich das Wunderlichste, das mir bisher beruflich widerfahren ist.

Wenn dieser Ausflug nicht meist so komisch gewesen wäre, hätte er allerdings traurig sein müssen.

Nun, ich beschwere mich nicht, da es mir sichtlich gut geht.

Von dieser wunderlichen Zeit in der Werbeszene und andere lustige Geschichten, aber auch sehr ernste Gedanken und Empfehlungen zur Lage der Branche handelt dieses Buch, von dem ich hoffe, dass es den Leser zum einen belustigen wird. Und zum anderen sollen meine Erfahrungen helfen, wie man mit dem gelegentlichen Wahnsinn des beruflichen Alltags besser umgehen kann oder eben manchmal auch nicht. Es gibt eben nicht auf alles und jeden die richtige Antwort, auch wenn das schlaue Managementbücher manchmal suggerieren.

Vor allem wie man die österreichische Werbewelt auf gesunde Beine stellt, treibt mich um und ich versuche mich an ernsthaften Verbesserungsvorschlägen. Dies rege ich nicht neunmalklug aus dem Ausland an, sondern ich stelle mich hier vor Ort in meiner Heimat der Verantwortung. Nach meiner kurzen Auszeit natürlich.

Die meisten Namen, Orte, zeitliche Abläufe und Jobtitel sind frei erfunden, da ich niemandem persönlich schaden möchte und noch weniger möchte ich manchen Personen mehr Aufmerksamkeit zukommen lassen, als es notwendig ist.

Auch wenn wir uns gerne an den Niederungen des menschlichen Verhaltens ergötzen, sind es doch immer die positiven Vorbilder, an denen wir uns unbedingt ausrichten sollten! Auch davon ist in diesem Buch die Rede.

Die geschilderten Ereignisse gebe ich so wieder, wie ich sie im Schleier des vergebenden und verzerrenden Rückblicks erinnere.

Vielleicht war alles auch ganz anders!

1. Und es kam schlimmer

Ein warmer Sommermorgen verspricht einen guten Start in den Tag und ich fahre motiviert und mit einer Menge guten Mutes meinem neuen Job in Wien entgegen.

Wieder mit der Familie zurück im wunderschönen Wien, den alten und neuen Lebensmittelpunkt gefunden, geht es einer neuen Herausforderung entgegen.

Es ist mein Auftrag als Geschäftsführer, die österreichische Niederlassung einer international sehr erfolgreichen Agentur zu sanieren und auf gesunde Füße zu stellen.

Irgendwie hatten es meine Vorgänger in Wien geschafft, einen Schuldenberg von mehreren Millionen Euro in wenigen Jahren aufzubauen. Diese sogenannten Manager sind natürlich mittlerweile wieder in anderen Agenturen in Wien als Geschäftsführer untergekommen und treiben weiter selbstbewusst ihr Unwesen.

Unter meiner Führung sollte jetzt die in der Agenturgruppe übliche Disziplin, Qualität, Erfolg und Rechtschaffenheit einziehen.

Ja, Rechtschaffenheit. Und das in der Wiener Agenturszene.

Ich muss zugeben, ganz naiv habe ich natürlich den Auftrag nicht angetreten. Freunde, die viele Jahre international auf Agenturseite gearbeitet hatten und dann ein paar Jahre in Wien in einer Agentur aktiv waren, hatten mich gleich vorgewarnt.

Ihr erster Kommentar war: „Pass gut auf dich auf. Da gibt es ein paar Geschäftsführer, die sind wahnsinnig unseriös, die

Mitarbeiter oftmals unzureichend ausgebildet und die Kundenseite ist häufig nur mittelmäßig bewandert oder einfach nichts Besseres gewohnt."

Übertreibung macht anschaulich, dachte ich mir.

Andererseits wusste ich schon aus meiner Erfahrung als Chief Marketing Officer, dass Wiener Agenturen die zu Pitches eingeladen waren, bei meinen Teams meist den präpotentesten und inkompetentesten Eindruck hinterlassen hatten.

Gewonnen hat eine Wiener Agentur nie auch nur einen Pitch, für den ich verantwortlich zeichnete, sosehr ich es mir als Lokalpatriot gewünscht hätte.

Als CMO habe ich dabei übrigens nie selber mitgewählt. Die Shortlist hatte ich natürlich beeinflusst, aber den Sieger bestimmte immer das Team in einem anonymen Prozess.

Ich betrete also am Morgen gegen 9 Uhr das ehrwürdige Gebäude und erstes Befremden steigt mir sprichwörtlich in die Nase. Kann es sein, dass es hier im ganzen Stiegenhaus nach „Hundegackerl" riecht?

Und tatsächlich, die Wurst begrüßt mich freundlich auf der Treppe, nicht mehr ganz frisch, aber dafür duftig.

Nach längerem Suchen finde ich tatsächlich eine Mitarbeiterin im Keller sitzend. Ich stelle mich vor und frage, warum um 9 Uhr das Haus leer sei, ob ich etwas verpasst habe und warum auf der Treppe Hundedreck liegt. Die sehr nette Kollegin gibt freundlich Auskunft, dass vor 10 Uhr hier Keiner anfange und der Hundedreck sei vom Hund eines unserer Kreativen im Haus, wir nennen diesen Menschen in der Folge einfach Wunderwutzi.

14

Das sei aber ganz normal hier, meint die Dame, da sich Wunderwutzi nur selten um seinen Hund kümmert, meist geht einer aus dem Team mit ihm raus und gefüttert wird er auch von einem Mitarbeiter.

Na toll, denke ich mir, da geht der gute Mensch ja mit tollem Vorbild voran und hält sich auf Firmenkosten auch noch einen Teilzeit-Hundesitter.

Und dieses einfallslose Klischee mit dem „Schoßhündchen" muss ja irgendwie sein, denke ich mir.

Nun wenigstens nur ein einziges Klischee von vielen, die mir in den zurückliegenden Jahren berichtet wurden.

Ein Freund meinte mal zu mir, als Kreativer in Wien musst du zur Außendarstellung mindestens eine Persönlichkeitsstörung mitbringen, oder ein Schoßhündchen haben oder geschieden sein oder uneheliche Kinder haben. Diverse Tattoos sind als Zugehörigkeitsabzeichen unbedingt notwendig. Am besten alles zusammen.

Na ja, das sind doch alles wahnsinnig dumme Stereotypen. Das ist natürlich grober Unsinn. Man kann es übertreiben!

Denkste, es kam schlimmer.

Zurück im Stiegenhaus, am Hundedreck vorbei suche ich meinen Arbeitsplatz und finde diesen ganz oben, in einer dunklen, verschlampten, dreckigen Dachkammer, in der anscheinend seit Jahren alle Geschäftsführer gehaust haben.

Sei mal nicht so, denke ich mir. Ich bin ja gekommen, um Dinge zu verändern und suche immer noch optimistisch die ominösen Mitarbeiter. Und siehe da, so gegen 10 Uhr füllt es sich langsam. Ich freue mich erst mal und bin guten Mutes.

Wie immer in einem neuen Job freue ich mich, das Team kennenzulernen und die Vorstellungsrunde ist eine gute Gelegenheit. Mein Vorgesetzter aus dem Headquarter hat sich auch angesagt und ab jetzt wird alles sicher gut, denke ich mir.

Mach dich mal locker!

Okay, keine Mitarbeiter da, aber die kommen schon noch. Okay, Hundedreck auf der Treppe, ich bin ja auch Hundehalter und das kann ja mal passieren.

Vermülltes Büro und keine Ausstattung da, kann passieren und kann man ändern.

Gegen 11 Uhr erfüllt das Haus, nach einer langen Stille wie in einem Sanatorium, eine „großgoscherte" Lärmwand. Mit sonorer Stimme, die durch das ganze Haus klingt, kündigt sich einer unserer Kreativen an.

Ich möchte ihn begrüßen, gehe entgegen und ... außer einem unangenehmen Geruch nach kalten Zigaretten und altem Schweiß finde ich nichts.

Habe ich mich verhört? Ich suche eine Weile und finde einige Mitarbeiter, die dann mal so langsam eingetrudelt sind auf dem Balkon beim Rauchen und „Kaffeetscherln".

Hmm, auch ein schöner Start. Wahrscheinlich mal langsam anfangen, um dann bis abends Gas zu geben, rede ich es mir schön.

Ich gehe auf den Balkon und begrüße alle freundlich.

Viel kommt aber nicht zurück an zumindest normalen Umgangsformen und der Wunderwutzi brüllt mir sein Willkommen entgegen, dass ich fast erschrecke.

Warum spricht der so laut und so gekünstelt tief? Will er mich per Buschtrommel dem ganzen Bezirk ankündigen?

Na ja, irgendwie wird's nicht besser.

Rettung aus dem Headquarter naht und damit die große Vorstellungsrunde. Viel zu spät trudelt mein Vorgesetzter ein, kann aber mit mir nicht sprechen, weil er „ganz wichtige Calls" hat. So geht es unvorbereitet in die Vorstellungsrunde.

Mein Vorgesetzter trägt ein paar Allgemeinplätze vor, und einige Informationen über mich sind leider auch noch falsch.

Was soll's, ich stelle mich dann auch nach allen Regeln der Kunst selber vor und blicke dabei in verstörte, verängstigte und teils bockige Gesichter.

Mir wird sofort klar, dass hier seit längerer Zeit etwas im Argen liegen muss. Aber was nur?

Kurz bleiben meine Gedanken stocken, als ich mit meinen Blicken über den Wunderwutzi stolpere. Der sitzt mit Sonnenbrille und breitbeinig mit Füßen auf dem Tisch am Ende des Konferenztisches.

Dank meiner Erfahrung lasse ich mich nicht aus der Ruhe bringen und spreche weiter, in Gedanken bin ich aber woanders.

Hat der Wunderwutzi ein Problem im Genitalbereich, oder warum hängt er allen breitbeinig sein Gemächt ins Gesicht und warum trägt er in einem geschlossenen Raum eine Sonnenbrille?

Ich gehe mal davon aus und werde in den kommenden Monaten darin bestätigt, dass seine Erziehung anscheinend irgendwann in der Pubertät ins Leere gelaufen sein muss.

Bis heute frage ich mich, warum sich mein Vorgesetzter aus dem Headquarter dieses Verhalten hat gefallen lassen. Ich hätte das sicher sofort angesprochen.

Mein Gott, in was bin ich hier hineingeraten, denke ich mir schon nach wenigen Stunden.

Der Headquarter Manager telefoniert nach der Vorstellungsrunde mal wieder in der Dauerschleife, wünscht mir Glück und verschwindet fluchtartig zum Flughafen. Körperlich war er da, geistig aber anscheinend auf irgendeinem Flughafen der Welt.

Für zehn Minuten Auftritt mit dem Flugzeug anzureisen ist nicht wirklich sinnvoll, aber ich fühle mich zumindest geehrt und denke mir, dass es wohl so eine Art Wertschätzung mir gegenüber war.

Da stehe ich nun, ich armer Tor, hatte einen ersten Tag wie noch nie zuvor. Langsam steigt erste Panik in mir auf. Wo soll ich da anfangen? Wo aufhören?

Nach kurzer interner Einkehr und meinem Besinnen darauf, dass ich über 15 Jahre lang von erfahrenen Führungskräftetrainern ausgebildet wurde und ich daher vieles schaffen kann, gehe ich erst mal auf die Suche nach einem Telefon und einem Computer und mein erstes Erfolgserlebnis besteht darin, dass ich das dann auch irgendwann finde.

Wird doch langsam.

Ich lass mich von der IT per Telefon einschulen und freischalten und gehe gegen 16 Uhr aus der Räuberhöhle, eigentlich das Geschäftszimmer, in die unteren Etagen, um in Einzelgespräche zu kommen.

Allein die Tatsache, dass die Geschäftsführung oben sitzt und die Buchhaltung im Keller, finde ich schon recht anachronistisch.

Ich bin beruflich im angelsächsischen System groß geworden und da sitzen die Führungskräfte meist beim Team.

Doch nicht so superhipp die Werbebranche hier in Wien, denke ich mir.

Ich suche nun also das Team, um erste Gespräche zu führen und Nähe zu erzeugen. Wie dumm nur, dass fast alle schon wieder weg sind und die schöne Ruhe eines Sanatoriums wieder Einzug gehalten hat.

Was bleibt, ist ein Gefühl der Leere.

Da haben mir die besten Trainer beigebracht, wie man möglichst professionell den ersten Tag angeht, und dann ist eigentlich keiner da.

Hat Ihnen schon mal ein Trainer beigebracht, wie man den ersten Tag als Führungskraft begeht, wenn keiner da ist? Das wäre doch mal eine interessante Schulung.

So früh wie nie zuvor verlasse ich meine Arbeitsstätte und fahre konsterniert nach Hause.

Was war das denn?

2.   Die Proleten aus dem XYZ. Bezirk

Wenn man neu in einem Unternehmen beginnt, ist es immer klug, wenn man in den ersten Wochen einfach mal hineinhört und respektvoll Strukturen, Prozesse und die Qualität der Mitarbeiter abtastet.

Eine besondere Herausforderung war in meinem Fall allerdings, dass unsere Oase der Ruhe mit Kernarbeitszeiten von gefühlt 10 Uhr bis 16 Uhr mir nur wenig Spielraum ließ, bei voller Belegung die Abläufe zu studieren. Denn zwischen 11 Uhr und 16 Uhr musste ja noch Tischtennis gespielt werden, ganz viel auf dem Balkon geraucht werden oder mit den Hunden spazieren gegangen werden oder gerne auch ausgiebig Mittagessen gekocht werden.

Soweit ich mich erinnere, gab es die Agentur nicht einen Tag geruchsfrei zu erleben. Besonders lecker im Stiegenhaus roch immer verbrannter Brokkoli.

Schnell wurde mir klar, dass es eine „Karaokegruppe" rund um den Wunderwutzi gab, der Rest war frustriert, hatte innerlich schon gekündigt und es gab ganz viel Platz für Weiterentwicklung.

Deshalb rief ich einen mir vertrauten Personaltrainer an, um zu retten, was zu retten war und lud ihn nach Wien ein.

In einem ersten Schritt sollte er ausschließlich mit dem Beratungsteam arbeiten. Kleine Schritte, dachte ich mir.

Auf keinen Fall die zarten Seelen überfordern war die Devise.

In der Zwischenzeit hatte ich den Wunderwutzi im wahrsten Sinne des Wortes auch mal ohne Sonnenbrille kennengelernt und im Tagesgeschäft feststellen müssen, dass ich es hier mit einem Choleriker, er flippte regelmäßig aus, einem Narzissten, er kannte vor allem nur sich selbst in einer Welt zwischen „Meeegaaa" und „Oasch", und mit einem schlichtweg unerzogenen Menschen zu tun hatte.

Also drei interessante Charaktereigenschaften in einer Person vereint. Jackpot!

Deshalb ließ ich ihn und sein „Karaoketeam" erstmal unberührt, um nicht noch mehr Emotionen hochkochen zu lassen.

Seine legendären Wutausbrüche gegenüber seinen Kollegen hatte ich bereits am Rande mitbekommen und ich wollte zum jetzigen frühen Zeitpunkt keine weitere Baustelle.

Der mir gut bekannte Trainer, mit dem ich über 15 Jahre in unterschiedlichsten Branchen und Ländern zum Wohle meiner Teams immer erfolgreich zusammengearbeitet hatte, kam nach Wien und unternahm den Versuch, das Beratungsteam nach bestem Wissen zu analysieren, individuell zu schulen und weiterzuentwickeln.

Nach zwei intensiven Tagen gab er mit dann ein professionell verpacktes Feedback: Wir hätten es hier mit einigen Menschen zu tun, die sich etwas schwertun, Neues zu akzeptieren und zu lernen, und dass wir es bis auf ein paar Ausnahmen mit überdurchschnittlich komplexen Persönlichkeitsstrukturen zu tun hätten.

Während er mir dies sachlich erläuterte, erkannte ich Mitleid in seinen Augen. Das machte mich wiederum ziemlich nervös.

Insgesamt war seine Analyse die herausforderndste, die er mir in all den Jahren über das Potential eines neuen Teams zukommen ließ. Das war insofern erstaunlich, da ich in der Vergangenheit die Verantwortung über bis zu 140 Mitarbeitern hatte und nicht wie hier nur über 25 Mitarbeiter. Die wenigen Kollegen hatten es aber dann anscheinend in sich.

Der TV-Moderator Stefan Raab hatte mal in einem Interview gesagt: „Wenn du lernunfähig und verhaltensauffällig bist, dann arbeite am besten bei VIVA TV." Wie ich auf dieses Zitat an dieser Stelle komme, überlasse ich dem werten Leser.

Die erste Schulungseinheit wurde dadurch gekrönt, dass das Beratungsteam auf die Frage, wie uns die Kunden sehen, mit vollem Ernst und einstimmig an die Wand schrieb:

„Wir sind für die Kunden die Proleten aus dem XYZ-Bezirk."

Da möchte ich Sie lieber Leser mal sehen, was Sie darauf erwidern würden?!

Es kam am Anfang nicht nur einmal vor, dass ich nach einer versteckten Kamera suchte, heutzutage vermutlich eher ein „Prank" auf TikTok.

Schlimmer noch: Das Team schien stolz darauf zu sein oder gar nicht zu realisieren, was das bedeutet.

Ich fragte mich, auf was man denn da stolz sein konnte. Die Agentur war nicht profitabel, die Kunden, die man hatte, waren fast alle kurz vor dem Absprung und die Pipeline mit Neugeschäft war leer.

Sie fragen sich sicherlich auch, wie der Trainer auf die Beschreibung „komplexe Persönlichkeitsstruktur" kam?

Ich gebe zu, den Eindruck hatte ich von Anfang an. Ist gemein, aber war halt so.

Lassen Sie mich anhand von zwei, drei stark verfremdeten Beispielen aufzeigen, was ich damit meine, denn ich denke, dass

22

es die Aufgabe einer modernen Führungskraft ist, die anvertrauten Mitarbeiter nicht nur zu fordern, sondern vor allem zu fördern und individuell dort abzuholen, wo sie gerade in ihrer Entwicklung stehen. Je komplexer dabei die Persönlichkeitsstrukturen sind, desto mehr Zeit muss man aufwenden, um Erfolge zu erzielen.

Denn es reicht eben bei Weitem nicht, den Mitarbeitern einen Obstkorb, einen Grill und eine Tischtennisplatte hinzustellen. Das sind lediglich Hygienefaktoren, die nur kurzfristig die Moral heben können.

Hier also einige, wenige Beispiele meiner „Managementherausforderungen":

Ein Teammitglied, das den Rest des Teams zumindest an Ausbildung, an Intellekt und guten Umgangsformen weit überragte, war leider immer auf das Äußerste gestresst und tatsächlich des Öfteren kurz vor dem völligen Nervenzusammenbruch, obwohl dieser so feine Mensch nur einen einzigen, winzigen Kunden hatte.

Ein Kunde pro Kundenberater ist aber in den wenigsten Fällen profitabel, so dass ich mich aus rein betriebswirtschaftlicher Betrachtung von der Person hätte trennen müssen.

Da das Teammitglied sich als Mensch aber so positiv abhob, sah ich es als meine Aufgabe an, es vielleicht durch Schulung und Vertrauensaufbau hinzubekommen, dass dieser Teil des Beratungsteams mehr als einen Kunden ohne gesundheitliche Risiken stemmen konnte. Leider ist es mir nicht wirklich gelungen. Ich hoffe aber von ganzem Herzen, dass dieser feingeistige Mensch irgendwann einmal in einem angstfreien und glücklichen Raum leben kann.

Eine Dame des Teams war völlig unfähig, irgendjemandem in die Augen zu sehen, geschweige denn einfach mal zu grüßen. Einfache Umgangsformen waren nur schwach ausgeprägt. Auch beim Kunden sprach sie immer in den Laptop hinein oder in den Tisch oder in den Boden. Wenn man ab und zu mal eine detailliertere Auskunft wollte, war die Antwort meistens infantil und patzig.

Also wenn ich Kunde gewesen wäre, hätte ich mich schon gefragt, wie man mich kommunikativ beraten will, wenn man nicht die simpelsten Grundformen einer normalen Kommunikation beherrscht.

Eine weitere Mitarbeiterin zeichnete sich dadurch aus, stets Arbeitsvermeidung zu betreiben und kommunizierte das auch munter, da sie als junge Mutter unter Kündigungsschutz stand. Da war halt auch nichts gegen zu machen.

Ein anderer Mitarbeiter war von früh bis spät wegen allem sofort eingeschnappt und mimte den ewigen Beleidigten. Jede Antwort musste man dem guten Mann aus der Nase ziehen. In einem emotional ausgeglichenen Zustand habe ich den Kollegen nie erlebt.

Der zugegeben talentierteste Mitarbeiter versuchte zumindest zu Beginn meiner Zeit im proletenhaften Verhalten noch den Wunderwutzi zu übertreffen, der sicher am Prater beim Autoscooter den King abgegeben hätte.

Da er vorher keinen anderen Teamleiter kennengelernt hatte, dachte er wohl, er müsse sich so im Berufsalltag benehmen, um Karriere zu machen.

Ein weiteres Teammitglied pumpte am Tag mindestens zehn Dosen Energydrinks in sich hinein und war dann entsprechend

„aufgedreht" beim Kundenumgang. Konflikte mit dem Kunden vorprogrammiert. Leider konnte ich mich mit diesem Menschen nie richtig unterhalten, da mir von dem Geruch einer Mischung aus Zigaretten und aufgestoßenem Zuckerwasser immer recht schnell schlecht wurde. Ich bin eben schon immer ein empfindliches Kerlchen gewesen.

Ich könnte die Beschreibung hier seitenweise fortführen, aber ich denke, die wenigen Beispiele sollten an dieser Stelle genügen.

Dass ein Drittel der Arbeitszeit mit Rauchen und „Kaffeetscherln" draufging, sei nur am Rande erwähnt. Und hier spreche ich nur von wenigen Beispielen aus der Beratung, nicht von den Mitarbeitern der Kreation, denen ich natürlich sehr viel mehr an interessanten „Auffälligkeiten" zugestanden hätte. Ich gebe aber nie auf und stürzte mich deshalb in den täglichen Wahnsinn.

Das Thema „Verhaltensauffällig" traf aber glücklicherweise nur auf einen Teil zu. Wir erkannten das Potential und vor allem den Willen bei einer Handvoll jungen Mitarbeitern, die noch nicht lange genug da waren, um durch das negative Umfeld verdorben zu sein, und ich sorgte dafür, dass diese Talente in den kommenden Monaten Weiterbildung bekamen und eine verlässliche Perspektive.

Zu meiner Freude gab es da wunderbare Angebote aus der Agenturgruppe heraus. Ein echter Vorteil, wenn man in einer internationalen Gruppe arbeitet. Man musste sich nur aktiv über das Angebot schlaumachen und etwas Reisebereitschaft zeigen.

Es war mir dabei besonders wichtig, die Mitarbeiter zu „Beratern" weiterzubilden, weg von einfachen „Handlangern", die jederzeit beruflich austauschbar sind und dann auch entsprechend bezahlt werden.

Natürlich wusste ich, dass ich hier ausbildungstechnisch nicht in den USA, China, Großbritannien, Deutschland oder Osteuropa angeheuert hatte.

Das Problem war und ist, dass in der Wiener Werbeszene schon immer wenig Know-how vorhanden war und die Angestellten aus meiner Sicht seit Jahrzehnten absichtlich dumm gehalten werden, damit sie billige und willige Arbeitskräfte bleiben. Mich wundert dabei immer, dass das in Wien keiner bemerkt und anprangert. Aber wenn man nichts weiß, dann weiß man auch nicht, dass man nichts weiß und findet dann alles so wie es ist „ur-leiwand".

Da alle „auffälligen" Mitarbeiter zu Beginn Ihrer Karriere bei anderen ortsansässigen Agenturen beschäftigt waren, frage ich mich heute noch, was diesen jungen Menschen eigentlich dort mit auf den Weg gegeben worden war, und vor allem, was nicht mitgegeben worden war. Ich halte es für sträflich, Berufsanfänger lediglich als billige Arbeitskräfte zu sehen und nicht das Potential in ihnen zu heben.

Natürlich macht man sich als Führungskraft nicht beliebt, wenn man fordert und fördert, aber wenn man Beliebtheitspreise gewinnen will, muss man eben Eisverkäufer werden.

Wenn dann jemand kommt und Grundformen des Anstandes einfordert, von Weiterbildung spricht oder das Wort „Berater" in den Mund nimmt, verstehen dann alle erst mal Bahnhof oder haben Angst vor Neuem.

Vor allem die im Team scheinbar erfahrenste Kollegin zeichnete sich dadurch aus, dass sie einfach keine Lust auf Weiterbildung hatte, denn was sie vor „100 Jahren" mal in einer heute halbtoten Agentur gelernt hatte, sei in Wien völlig ausreichend.

Ich widersprach ihr entschieden, da ich mir ernsthaft um die Zukunftsfähigkeit meiner Mitarbeiter Sorgen machte, wurde dann aber teilweise bei dem ein oder andern Kunden eines Besseren belehrt. Manchen Kunden war der geistige Tiefflug tatsächlich gut genug.

Man kannte wohl nichts Besseres?!

Zu Beginn verstand ich noch nicht, warum man sich selbst als Agentur von Proleten verstand. Das wurde mir aber schnell klar, als ich den Umgang untereinander und mit den Kunden mitbekam.

3.   A geile Gschicht

In den ersten Wochen beobachtete ich das völlig inakzeptable Verhalten unseres kreativen Wunderknaben erst einmal passiv, da ich dachte, dass er zumindest eine hohe Kreativkraft mitbringen würde. Das würde das menschliche Fehlverhalten nicht besser machen, aber: „Who is perfect?"

Ich hatte tatsächlich ein Problem, auf das charakterlich niedrige Niveau richtig und zeitnah zu reagieren, da ich das so noch nie erlebt hatte. Das war wirklich „Neuland" oder besser gesagt „Tiefland" für mich.

Ich kann mich immer noch an das erste Kundenmeeting bei uns in der Agentur erinnern. Der Kunde kündigte an, uns eine neue Produktlinie und Strategie zu präsentieren, die wir auf Kommunikationsseite unterstützen sollten.

Ich freute mich bereits darauf, da ich mal wieder mit verständigen Menschen arbeiten wollte, bei denen nicht jede kleinste Selbstverständlichkeit auf Unverständnis stößt.

Da hatte ich mich aber zu früh gefreut.

Die Kundin kam, unser Wunderwutzi mal wieder breitbeinig auf dem Stuhl sitzend mit Füßen auf dem Tisch, so dass man seine kräftige Beinbehaarung sehen und man seine „Feuchter-Fuß-in-Turnschuh-Ausdünstung" leider auch riechen konnte. Natürlich Sonnenbrille wieder auf.

Ich fragte mich, ob der gute Mann so unsicher war, oder sich wegen irgendetwas schämte oder ob das vielleicht auch was Medizinisches war? Oder etwas anderes? Ich weiß es nicht. Egal.

Die Kundin präsentierte eine Vertriebspräsentation weitgehend frei von inhaltlichem Verständnis, ziemlich verworren und teilweise hilflos. Während sie so präsentierte, ging meine Motivation in den Boden. Ich fragte mich, warum immer noch in österreichischen Unternehmen die schwächsten Mitarbeiter ins Marketing gesetzt werden.

Kommunikation und Marketing sind heutzutage erfolgskritische Bereiche und trotzdem werden immer noch altgediente Assistenten, schlechte Vertriebler, erfolglose Produktmanager, oder Frauen und Männer, die zurück aus irgendeiner Auszeit kommen, ins Marketing „entsorgt".

Ich machte gute Miene zum bösen Spiel und hoffte, dass mein Beratungsteam charmant die richtigen Fragen stellen würde. Weit gefehlt.

Das Beratungsteam saß schweigend da, und nach peinlicher Pause haute der Wunderwutzi den Satz raus:

„Do moch ma a geile Gschicht draus."

Darauf erwiderte die Marketingchefin: „Ja super. So machen wir es." Das war es.

28

Ich dachte, ich sei im falschen Film und fragte höflich nach, wie denn die Vertriebsstrategie aussieht, also Zielgruppe, Märkte, Wettbewerb, Wachstumsziele.

Das war zu viel.

Die Marketingchefin errötete, brachte kein Wort heraus und unser Wunderwutzi meinte rasch: „Das brauchen wir nicht." Damit war das Meeting beendet.

Die Marketingchefin mied mich den Rest der Zeit. Ich hatte den Fehler gemacht, das nachzufragen, was die Dame intern hätte nachfragen und vor allem wissen müssen.

Tja liebe Vorstände, Personalchefs und Führungskräfte in Österreich: „If you pay peanuts, you are playing with the monkeys."

4. Des depperte Hardcore-Selling funktioniert bei uns in Wien nicht.

Natürlich war es mir von Anfang an wichtig, die „New Business Pipeline" wieder voll zu bekommen und Neugeschäft zu gewinnen. Deshalb war mir gleich der erste Pitch persönlich wichtig.

Mein Lichtblick war die Tatsache, dass wir einen jungen, fähigen und förderungswilligen Strategen im Haus hatten.

Ich versuchte behutsam, den Kollegen auf die richtige, nämlich zukunftsfähige Seite des Lebens zu ziehen.

Der Kollege hat sich übrigens mittlerweile prächtig entwickelt und folgte meinem Rat, ins Ausland zu gehen.

Das ist dann der Lohn, der es wirklich wert ist, eine Führungskraft zu sein und zu sehen, wie junge Menschen prosperieren.

Die Analysen zu dem anstehenden Pitch und die daraus gefolgerten Absprungbretter für die Kreation schienen mir sehr tragfähig. Meine Euphorie wurde aber rasch gebremst, da mir der Kollege gleich nach der Präsentation seiner Grundlagenarbeit mitteilte, dass seine Arbeit sowieso für die Tonne sei, da die Kreation ohnehin macht, was sie will und überhaupt sei gar nicht klar, wer in der Kreation eigentlich was macht.

Unvoreingenommen freute ich mich dennoch auf den kreativen Entstehungsprozess.

Die Wochen vergingen und nichts passierte. Auf meine Nachfragen wurde ausweichend reagiert und ich verließ mich auf unseren Wunderwutzi, in der Hoffnung, dass das schon was werden würde.

Wurde aber nichts.

Wie in den folgenden Monaten und Jahren wurde unter seiner Regie nichts rechtzeitig fertig und das kreative Ergebnis konnte mit den strategischen Grundlagen nur mit Mühe in Einklang gebracht werden.

Nun verstand ich den Frust dieses so begabten Strategen.

Aus meiner Erfahrung als CMO ist aber in einer professionell geführten Marketingabteilung das kreative Ergebnis nur ein Teil des Paketes, das entscheidungsrelevant ist.

Mir kam es immer vor allem darauf an, dass die Agentur mich als Kunden mit meinen charakteristischen Herausforderungen versteht und mir konkret aus komplexen Aufgaben eine stimmige Lösung baut, um das Unternehmen fit für die Zukunft zu machen.

Kurz gesagt, Strategie, Technologie und Kreation waren für mich auch in dieser Reihenfolge erfolgskritische Elemente. Und letztlich war dann noch die persönliche Chemie entscheidend.

Man will ja schließlich mit jemandem zusammenarbeiten, den man „riechen" und respektieren kann.

Trotz suboptimaler Kreativlösung, aber mit einer extrem guten strategischen Herleitung ging es zum Pitch.

Ich war guten Mutes, denn ich hatte als Berater für ein renommiertes Beratungshaus die Grundlagen für einen professionellen Auftritt verinnerlicht und auf der Unternehmensseite dutzende Pitches miterlebt und wusste daher, was geht und was nicht geht.

Beim Kunden angekommen, in einem modernen schönen Glasbau standen wir am Empfang, die Hälfte der Mannschaft wie immer draußen beim Rauchen.

„Host a Tschick für mi?" (wienerisch für: Hast du eine Zigarette für mich?) war der Standardsatz vor und nach Pitches.

Da kommt mir eine Gruppe von drei verwahrlost aussehenden und irgendwie deplatziert wirkenden Männern entgegen.

Ich drehe mich zu einer Kollegin um und frage erstaunt: „Hast du die Männer gesehen? Die haben sich sicher verlaufen." Darauf die Kollegin: „Ja die kenne ich, das war die Geschäftsführung der Agentur LMM."

Ich dachte mir nur: „Zum Glück gibt es kein Naturgesetz, das vorschreibt, dass man wie ein Sandler zum Kunden geht."

Langsam begann ich zu verstehen, warum der Ruf der Wiener Agenturen so ist, wie er ist.

Also ab zum Pitch in den Lift. Kalter Tabakgeruch umgibt mich, dem Wunderwutzi springen vor Aufregung fast die Augen aus dem Kopf und seine Halsschlagandern platzen gleich. Damit keiner seine Aufregung bemerkt, haut er in einer ungeheuren Lautstärke einen Proletenspruch nach dem anderen raus. Alle tun so, als ob sie es lustig finden. Vielleicht finden sie es auch wirklich lustig? Wer weiß.

Ich bin hier gar kein Geschäftsführer, denke ich mir, sondern der Erzieher in einem Kindergarten.

Der Pitch beginnt ein paar Minuten später und ich stelle die Agentur in aller Kürze vor.

Die Betonung liegt hier auf „Kürze". Als CMO gingen mir die langatmigen Agenturvorstellungen immer auf die Nerven. Wir waren ja auf Kundenseite vorbereitet und wussten, wen wir einladen. Warum wir dann oftmals eine Stunde erzählt bekommen haben, weshalb die Agentur die „dicksten Eier" hat, habe ich nie verstanden.

Dann gehen wir mit der Strategie ins Eingemachte und letztlich kommt die Kreation an die Reihe.

Ich warte auf ein Feuerwerk der Präsentationstechnik, die mir erklären würde, warum der Wunderwutzi in dieser Rolle ist.

In den ersten Wochen hatte ich tausend Gründe gefunden, warum er nicht in dieser Rolle sein sollte, und … was ich da sehe und höre, ist ein „Proletengehabe" vor dem Herrn.

32

Will er die Damen des Kunden mit seinen flachen Sprüchen wie am Prater im Jahr 1985 anmachen? Ich schäme mich zutiefst und würde am liebsten im Boden versinken.

Gott sei Dank übernimmt ein junger Nachwuchskreativer das Zepter, den unser Wunderwutzi eigentlich schon längst gekündigt haben wollte. Da ich die Argumente dazu nicht nachvollziehen konnte, zog ich die Entscheidung in die Länge und fällte sie schließlich gar nicht.

Denn der junge Mann machte zu meiner Freude in den kommenden Monaten eine tolle Weiterentwicklung und wurde nicht nur ein sehr guter Kreativer, sondern auch ein guter Teamleader. Was für eine schöne Entwicklung.

Zurück zum Pitch. Da sich unser Wunderwutzi Gott sei Dank nicht länger als 15 Minuten konzentrieren kann, übergibt er an den Kollegen und die Show läuft ab sofort besser.

Nach einer Stunde gehen wir raus aus dem Meeting, wir haben ganz gut performt und „Host a Tschick für mi?" steht wieder an.

Sei mal nicht so, denk ich mir und stelle mich dazu, obwohl ich weder rauche noch Zeit habe.

Das war dann eine falsche Entscheidung. Unser Wunderwutzi sieht mich an und sagt: „Dominic, des mit deinem depperten Hardcore-Selling kannst dir sparen. Des funktioniert in Wien nicht."

Danke für das Gespräch!

Gewonnen haben wir den Kunden trotz meines angeblichen Hardcore-Sellings.

Und warum?

Weil die strategische Herleitung überzeugte, die unser talentierter Stratege entwickelt hatte, und das professionelle Präsentieren funktioniert hatte, das seitens des Kunden eben nicht als Hardcore-Selling empfunden wurde.

Von der Kreatividee ist übrigens in der Folge nur sehr wenig übriggeblieben.

5. Wenn das Inkasso zweimal klingelt

Als neuer Geschäftsführer eines durch Vorgänger gegen die Wand „gefahrenen" Unternehmens sind 24 Stunden am Tag gefühlt zu wenig.

Noch schlimmer wird es, wenn ein hoher Anteil der Mitarbeiter die notwendige Qualität und Quantität missen lässt. Und am schlimmsten ist es, wenn einer der „Manager" anstelle mit anzuschieben seinen privaten Wahnsinn in die Firma mitbringt.

Als Geschäftsführer war es mir natürlich wichtig, von Anfang an die finanziellen Dinge schnell zu sortieren und in der Buchhaltung rasch effiziente Prozesse einzuführen. Schnell fiel mir auf, dass unsere Damen in der Buchhaltung mehrere Stunden pro Woche damit verbrachten, Strafmandate und anderen Wahnsinn des Wunderwutzis zu bearbeiten und mit der Lohnbuchhaltung zu verrechnen.

Wöchentlich gingen Parkzeitverstöße und Geschwindigkeitsübertretungen ein, meist auf dem Weg gen Süden, obwohl wir keinen einzigen Kunden aus dem Süden Österreichs hatten. Ob es vielleicht daran lag, dass sich der Kollege zwar wie ein Ur-Wiener anhörte, er aber eigentlich aus dem Südosten der Republik stammte?

Auf meine Frage, warum er alle seine Strafen nicht einfach selber überweise wurde ich darauf verwiesen, dass in der Vergangenheit schon mehrfach die Gesellschaft mit Pfändungsandrohungen und anderen Verfahrensstrafen tangiert war, da es sich um einen Firmenwagen handele und unser Wunderwutzi sich einfach um rein gar nichts kümmere.

Nolens volens mussten wir uns also hierum kümmern. Wenigstens konnten wir so jeden Monat sehen, wo der Herr so unterwegs war. Warum er dreimal die Woche sein Auto hat waschen lassen, verstehe ich aber bis heute nicht. Hauptsache er war bei „Fridays for Future" aktiv.

Schlimmer war allerdings die Peinlichkeit, dass wir immer mal wieder Inkassounternehmen im Haus hatten, mit denen ich dann sprechen durfte, da unser Wunderwutzi nicht in der Lage war Hundesteuer zu entrichten, anderen wichtigen privaten Pflichten nachzukommen, sein Strom- und Gasrechnungen zu bezahlen und so weiter und so fort.

Ich hatte also nicht nur ein Unternehmen zu sanieren, sondern anscheinend ein großes Kind mitzuversorgen. Aber von Schamgefühl oder mal einem Dankeschön keine Spur.

Manchmal beneidete ich unseren Wunderwutzi dafür, dass es immer Menschen gibt, die Chaoten aus der Klemme helfen.

Vor allem aber die Leichtigkeit des Seins, wenn man ohne jegliches Anstandsgefühl und ohne Selbstreflexion durchs Leben schweift, beneidete ich doch sehr. Ich stellte zum ersten Mal fest, dass es eine Korrelation zwischen Bildungsmangel und Dreistigkeit gibt.

Aber nicht nur um den Wunderwutzi musste ich mich kümmern. Der Tiefpunkt meiner Karriere als Manager war erreicht, als ich mich um ein Fehlverhalten auf einer Weihnachtsfeier kümmern musste.

Da wir in unserem Haus mehrere Agenturen untergebracht hatten, feierten wir gerne mit den Kollegen der anderen Agenturen.

Ein paar Tage nach der Weihnachtsfeier, auf der ich aus privaten Gründen nur bis Mitternacht teilnehmen konnte, bekam ich die Abrechnung des Hotels, die weit höher war als der abgemachte Betrag. Dieser massive Betrag der Mehrkosten wurde für Reinigungs- und Instandsetzungskosten verrechnet.

Ich rief den Hotelmanager an und dieser berichtete mir, dass ein Zimmer so verwüstet war, wie ihm das in 20 Jahren im Hotelmanagement noch nicht untergekommen sei.

Er bot mir an, Bilder zu senden und ich kann Ihnen sagen: Was ich da sah, vergesse ich mein Leben nicht mehr.

Die Einrichtung des Zimmers war weitgehend verwüstet und mit Substanzen verschmiert, die ich dem Leser hier erspare. So etwas hatte ich noch nicht gesehen und will ich auch nie wieder sehen.

Ich wollte die entsprechende Person meines Teams zur Rechenschaft ziehen und fristlos kündigen, stellte aber fest, dass der Übeltäter gar nicht aus meinem Team kam, sondern dass der Übeltäter ein „Manager" der anderen Agentur gewesen war. Eine Führungsperson.

Ich reichte die Mehrkosten kommentarlos und vor allem sprachlos weiter und konnte seither diesem Menschen nicht mehr in die Augen sehen. Das war mir einfach alles zu viel und zu tief.

Was muss da im Leben alles schieflaufen, wenn man während einer Firmenfeier als Führungskraft ein solches Fehlverhalten offenbart? Wenn man ein positives Elternhaus unterstellt, dann muss sich letztlich das berufliche Umfeld so negativ ausgewirkt haben.

Wieder ein Grund mehr für mich dieses Umfeld geordnet zu verlassen.

Einmal ging es dann aber auch mit meiner Geduld zu Ende, als der Wunderwutzi den Gewinn aus dem Verkauf eines Firmenwagens gegen jede Absprache einfach einbehielt.

Aber auch hier wurden gegen meinen Rat keine disziplinarischen Konsequenzen gezogen.

Immerhin wurde der Bonus entsprechend gekürzt, so dass finanzieller Schaden für die Gesellschaft verhindert werden konnte.

Auch heute noch stellt sich mir die Frage, wie man guten Gewissens glaubt, Unternehmen helfen zu können, wenn man sich selbst nicht helfen kann?

Was lernen wir daraus: Dreistigkeit siegt. Meistens.

Und: Lustig ist, wer trotzdem lacht.

6.   Vom guten Umgang mit Menschen. Nicht!

Ich durfte viele Jahre theoretisch und praktisch professionellen Umgang mit Mitarbeitern und Kunden üben und praktizieren und ich habe über diesen Zeitraum ein gutes Gefühl für Stimmungen und Gemütsverfassungen von Menschen entwickeln können.

Schnell wurde mir daher bewusst, dass das gesamte Team paralysiert war.

Ich muss ehrlich gesagt immer schwer an mich halten, wenn ich von „Experten" die wildesten Theorien über modernes Management lese und höre.

So zum Beispiel Thesen wie „Führung ohne Führung". Das funktioniert sicher im Elfenbeinturm der Theorie oder in einem Reagenzglas mit optimalen Bedingungen. Aber nicht in der Realität.

Vielleicht sollte man erst mal „Führung mit Führung" implementieren und erfolgreich praktizieren, bevor man die nächste Wunderkerze zündet.

In der Praxis sind dann, wie an meinem anschaulichen Beispiel zu sehen, alle Mitarbeiter komplett „desperate" vor lauter Führungsvakuum.

Einerseits der andauernde Misserfolg in wirtschaftlicher Hinsicht, ein komplettes Führungsvakuum über Monate hinweg und natürlich ein unprofessionell requiriertes Teamgefüge, das anscheinend zum Ziel hatte, möglichst ähnliche Menschen zusammenzubringen, führten zu einem Chaos und hoher Unzufriedenheit.

Vermutlich waren bisher die „Karaokequalitäten" bei den Einstellungsgesprächen maßgeblich gewesen.

Resultat: das bereits erwähnte Sammelsurium von „komplexen" Persönlichkeiten.

Die wenigen aufbaufähigen Kollegen waren auf dem Absprung oder in der inneren Migration versunken. Diese Kollegen waren es übrigens, die die Agentur vor meiner Zeit dort am Laufen gehalten hatten. Trotz allem. An dieser Stelle ziehe ich aufrichtig meinen Hut vor all jenen, die so tapfer waren. Danke!

Nach meinem Antritt bemühte ich mich jeden Tag mit ruhiger Hand Stabilität zu vermitteln und die Angst vor unserem Wunderwutzi zu nehmen. Jede Maßnahme wurde natürlich immer vom Wunderwutzi kommentiert. Mal lauter, mal leiser, aber immer voller Unverständnis.

Aber woher sollte er wissen, was richtig und falsch ist? Gelernt hatte er ja nicht, wie man sich selbst und andere führt und er wusste sowieso immer alles besser.

Also war ich weiterhin auf mich alleine gestellt. Man geht den Dummen sowieso am besten aus dem Weg, sonst wird man selber dümmlich.

Umgekehrt gilt die Maxime, die mir in der Schule vermittelt wurde: „Wenn du gut werden willst, umgib dich mit guten Menschen."

Die „Guten" habe ich Gott sei Dank dann oft in allen anderen Niederlassungen der Agenturgruppe gefunden, was mir immer sehr gutgetan hat. Dieser internationale Pool an Talent und Know-how fasziniert mich bis heute.

Warum war ich nur in dieser „Wiener Freakshow" gelandet, bemitleidete ich mich manchmal selbst.

Leider musste ich dann doch ein paar Mal einschreiten, als unser Wunderwutzi wieder mal Mitarbeiter anschrie, beleidigte, und diskriminierende Dinge im Büro verbreitete.

Es gibt eben Grenzen des Anstandes und da sah ich mich in der Pflicht.

Natürlich suchte ich immer wieder um Hilfe im Umgang mit diesem Menschen seitens des Headquarters an. Da reagierte man zwar mit riesigem Verständnis für meine unmögliche Situation gepaart mit Kopfschütteln um das Verhalten des Wunderwutzis, trotzdem gab es weiter Narrenfreiheit.

Man wollte sich die Hände eben nicht wirklich schmutzig machen. Mit guten Ratschlägen war man aber immer eifrig zur Stelle. Beraterkrankheit.

Schlimmer war aus meiner Sicht noch, dass man wissend um die drastischen Mängel des Kollegen diesen vor meiner Zeit befördert hatte. Auf meine Frage, warum ausgerechnet dieser Mensch befördert worden sei und nicht andere Kollegen mit mehr fachlicher und sozialer Kompetenz, kam die Antwort: „Er war der Einzige, der lange genug da war, nachdem man das noch unfähigere Management vor die Tür gesetzt hatte."

Na toll. Man hatte also Fehlverhalten belohnt. Was für ein Managementfehler.

Eigentlich konnte der Wunderwutzi gar nichts dafür. Er war ja trotz falschem Verhalten belohnt worden, weil er einfach da gewesen war. So viel zum Thema falsche „Konditionierung".

Da ich kritische Situationen immer gerne in Ruhe analysiere und dann anspreche, hatte bis dato noch nie in meinem Berufsleben schreien müssen, aber irgendwann ist leider immer das erste Mal.

Los ging das Schauspiel spät am Abend über WhatsApp, als unser Wunderwutzi auf das Übelste die Kollegen einer PR-Agentur beleidigte.

Er schüttete einen Shitstorm wegen eines Entwurfes zu einer Pressemeldung aus, die von ihm natürlich ohne mein Wissen in Auftrag gegeben worden war.

40

Man muss wissen, dass die PR-Agentur von unserem Kreativen ausgewählt worden war, natürlich alles seine Haberer (wienerisch für: Freund), damit es keinen Widerspruch gibt.

Ich habe einige Jahre von erfahrenen Menschen gelernt, wie man eine Pressemeldung schreibt und noch mehrere Jahre Pressearbeit selbst verantwortet und weiß daher, was geht und was nicht geht. Die Meldung war aus meiner Sicht kein Glanzstück, aber in Ordnung und es bestand kein Grund, völlig auszuflippen und Gift und Galle durchs Netz zu sprühen. Das ging dann mehrmals hin und her, bis ich kalminierend einschreiten musste.

Wie gesagt, ich wunderte mich, dass der Kollege so mit seinen „Haberern" umsprang, aber ein Choleriker kennt halt weder Freund noch Feind.

Da ich die PR-Agentur ohnehin für unsere Zwecke als unpassend empfand, kümmerte ich mich um eine Agentur mit deutlich besserem Preis-Leistungs-Verhältnis, weswegen ich fast von unserem Wunderwutzi im Zorn physisch attackiert worden wäre.

Ich saß des Nachmittags in der kalten und dunklen Räuberhöhle, fomerly known as Geschäftszimmer, und brütete über dem langsam besser werdenden Budget-Forecast, als der Wunderwutzi ins Büro stürmte, die Tür zuschlug, mit hervorstechenden Augen und pulsierenden Halsschlagadern auf mich einbrüllte und mich beleidigte.

Erst mal wusste ich gar nicht, um was es ging, bis er sich beschwerte, dass wir eine neue Presseagentur hätten und er davon nichts wisse. Ich korrigierte ihn und sagte noch ruhig, dass er das sehr wohl wisse, aber anscheinend wieder vergessen habe und er mit seinen „Haberern" ja weiterarbeiten könne, wenn die denn noch nach seiner Hasstirade weiter für ihn arbeiten wollten, aber für die Agentur bräuchten wir dann etwas Passenderes.

Er stürmte aus dem Zimmer, schlug die Tür zu, kam wieder zurück, schrie mich wieder an. Da, ich gebe es zu, konnte ich mich nicht mehr halten und schrie zurück, für was er sich eigentlich halte.

Zu meiner Verwunderung stockte er, sagte nichts, überlegte ein paar Sekunden und sagte dann, er sei hier ein wichtiger Kreativer und warum ich denn glaube, wieso er dazu befördert worden sei.

Meine Antwort und dazu stehe ich heute noch: „Das wüsste ich auch gerne!"

Und weil er gerade so schön in Fahrt war, schrie er mich an, was das eigentlich mit dieser „depperten" Weiterbildung für das Beraterteam sei. Das sei nicht notwendig und mache sein Team in der Kreation unruhig, da die dann auch Weiterbildung haben wollten. Ich antwortete ihm, dass das wohl das dümmste Argument sei und wir als Führungskraft die Verantwortung tragen, unsere Mitarbeiter besser zu machen und so für die Zukunft zu rüsten.

Da war es, das böse Wort: Verantwortung.

Er explodierte, schmiss Gegenstände durch das Büro, drohte mir physisch, das hatte ich das letzte Mal vor 30 Jahren auf einem Bierfest erlebt, und er schrie mich an:

„Das hier ist meine Familie und die Mitarbeiter sind meine Kinder und ich bin der Vater und ich behandele sie so, wie Kinder eben behandelt werden müssen."

Was für eine großartige Sternstunde meiner bisherigen Ausbildung und Karriere tat sich hier auf. Ich wurde Zeuge einer neuen revolutionären Theorie zur modernen Mitarbeiterführung.

Geboren durch einen „Möchtegern-Wiener" mit der besten Ausbildung, die man sich weltweit nur wünschen kann: der Wiener Werbeakademie, bei der bekanntlich jeder gegen Gebühr einen Abschluss bekommt, der bis drei zählen kann.

Ich frage Sie, lieber Leser, wie geht man mit einem solchen Menschen um? Keiner meiner bisherigen Berater konnte mir in all den Monaten nachhaltig helfen.

Wer hier eine Lösung findet, wird Millionär.

Der Schaden wäre ja eingrenzbar gewesen, wenn nur ein paar wenige Menschen unwürdig miteinander umgehen. Leider wurde aber immer wieder offensichtlich, wie stark es an einfachsten Führungsqualitäten am gesamten Standort mangelte.

Eines Tages wurden wir mit der Information überrascht, dass die Geschäftsführerin einer Agentur am Standort gekündigt werden sollte. Bevor der „Flurfunk" die Runde machen konnte, rief ich die Kollegen des betroffenen Teams zusammen. Ich eröffnete das Meeting, berichtete dem Team, dass die Geschäftsführerin nicht mehr kommen würde und versicherte

a)   dass alle Manager im Haus das Führungsvakuum ausfüllen würden und ich erster Ansprechpartner für Fragen jedweder Art sei,

b)   dass das Unternehmen ganz normal operativ weiterbestehe und

c)   Arbeitsvertrag und Gehälter natürlich unangetastet blieben. Da die Gesellschaft nicht profitabel gewesen war, eine wichtige Botschaft.

Also „business continuity" war die generelle Botschaft. Natürlich wie immer alles mit der HR-Abteilung im Headquarter abgestimmt.

Leider hatten unser Wunderwutzi und ein Manager des Schwesterunternehmens nichts Besseres zu tun, als vor dem gesamten Team über die ehemalige Kollegin derb zu schimpfen und sie zu diffamieren.

Das sie eine völlige Fehlbesetzung gewesen sei, war noch das Netteste.

Ich saß in dem Raum und schämte mich für die beiden, die so wenig Anstand besaßen und natürlich war mir klar, dass das Team diesen Inhalt des Meetings der ehemaligen Kollegin eins zu eins berichten würde.

Es dauerte auch nicht lange, bis mich die zu Recht erzürnte Kollegin anrief.

Wieder musste ich den Mist von Anderen ausbaden und mich für das unprofessionelle Verhalten der beiden Herren entschuldigen.

Das Fass zum Überlaufen brachte aber wieder unser Wunderwutzi, der nach dem Termin zu mir kam und mich darüber belehrte, dass die von mir gemachten Punkte total unnötig gewesen seien und das Team nur weiter verunsichert hätten. Das hätte man alles gar nicht sagen müssen, so seine Belehrung.

Soso, dachte ich mir, richtig ist es also gekündigte und abwesende Kollegen vor versammelter Mannschaft in die Pfanne zu hauen.

Auch eine interessante Theorie, die er aber weiterhin exklusiv hat.

Mein größtes Problem dabei war immer die unglaubliche Würdelosigkeit des Schauspiels. Mit was für einem niveaulosen Verhalten man sich im Berufsleben manchmal auseinandersetzen muss, ist schon interessant.

Was lernen wir daraus liebe Unternehmenslenker?

Das kommt als Ergebnis heraus, wenn befördert wird, was übrigbleibt.

7. Ein gutes Pferd springt leider nur so hoch, wie es muss. Und: Wenn Freundschaft blind macht.

Auf eine Personalie freute ich mich sehr in der Hoffnung, dass sie meine intellektuelle Rettung sei. Ich hatte gehört, dass in unserer Niederlassung ein international erfolgreicher Kreativer der Agenturgruppe „zu Hause" sei. Ich hatte ihn die ersten drei Monate bei uns nicht ein einziges Mal gesehen, aber ich war hungrig darauf, mich mit einem intelligenten Kreativen austauschen zu können, und das auch noch auf Englisch.

Wow, wann würde er endlich kommen?

Ich hatte gehört, dass meine Vorgänger im Amt ihn nicht im Haus haben wollten und gerade deshalb wollte ich ihm einen herzlichen Empfang bereiten.

Voll freudiger Erwartung sitze ich also in der Räuberhöhle und warte auf den prominenten Gast:

und dann kommen „Flauscher" und ein Schwulenkalender …

Aber, der Reihe nach. Was ich zuerst sehe, ist eine Katzenbox, die zur Tür reinkommt.

Darauf folgt ein adretter Mann mit einem Kalender in der anderen Hand. Er begrüßt mich überschwänglich auf Englisch mit starkem Akzent.

Seine erste Amtshandlung ist es, seine Katze mit Namen Flauscher aus dem Käfig zu lassen und das Katzenklo im Büro aufzustellen.

Die Einladung nimmt Flauscher direkt an und lässt dort gleich mal gemütlich Ballast ab. Nun gut, denke ich mir, wenigsten macht sie nicht ins Stiegenhaus wie unsere bis zu acht Hunde, die im Büro verweilen.

Die zweite Amtshandlung ist es, seinen Kalender an der Wand aufzuhängen. Ich traue meinen Augen nicht, denn es ist ein Kalender mit nackten Männern. Also ein Pirelli-Kalender, der heutzutage als diskriminierend gilt, ist moderat dagegen.

Hatte ich so noch nicht in meinem Berufsleben erlebt und reiße mich zusammen. Man will ja nicht in die diskriminierende Ecke gestellt werden.

Damit es perfekt wird, erzählt er mir auch noch, dass er früher mal ein Kochbuch für Veganer geschrieben hat und gerade sein Zuhause umbauen lässt für gaaaaaanz viele private Projekte.

Dann stellt er sich mir mal richtig vor und nennt seinen Namen. Karson sei sein Name und er komme aus Neuseeland. Da wir in der Buchhaltung schon diverse amtliche Briefe erhalten hatten, bei denen es um finanzielle Themen seitens des Kollegen ging, weiß ich, dass er gar nicht Karson heißt, sondern Karoslav und nicht aus Neuseeland kommt, sondern aus der Ukraine.

Was soll's, Wahrheit hin oder her, die Story ist bekanntlich alles.

Immerhin kann ich mit ihm auf Englisch sprechen und er scheint ein netter Kerl zu sein.

Dann klappt Karson das MacBook auf und organisiert drei Stunden lang per Skype lautstark seine Flüge rund um die Welt, das Ganze gepaart mit völlig überzogenen Erlebnisberichten aus seinem Privatleben. Der Mann erlebt anscheinend an einem Tag das, was andere in einem ganzen Leben erleben.

Sei es drum, denke ich mir, kreativ muss er ja echt ein Knaller sein, bei dem Gehalt, das jeden Monat über unsere Gesellschaft läuft.

Also, um des Erfolgs willen: Augen zu und durch.

Dann kommt unser Wunderwutzi auch mal ins Büro, man hört sein Gebrüll vom Keller hoch bis zum Dachboden und er schreitet in die Rumpelkammer, um Karson zu begrüßen.

Nach einem mehrminütigen, melodramatischen Begrüßungsritual, eigentlich hatten sie sich erst am Abend zuvor gemeinsam volllaufen lassen, verlässt Karson hektisch das Büro und ist für mehrere Wochen wieder verschwunden.

Kurz nachdem Karson verschwunden ist und der Wunderwutzi seine Inkassobriefe in seiner Ablagebox sortiert hat, sortiert, aber nicht geöffnet, kommt er zu mir an den Tisch und sagt mir in verschwörerisch leisem Tonfall: „Also der Karson hat keine Ahnung vom Wiener Markt. Den müssen wir außen vorlassen. Das bringt nichts, wenn wir Karson auf unseren Kunden involvieren. Er ist zu weit weg von der Realität."

Ich wie vom Donner gerührt, sitze da und denke mir: Wie falsch der Mensch doch sein kann. Eben waren sie noch kurz vor dem Zungenkuss gewesen.

Karson sehe ich erst ein paar Wochen später wieder per Videokonferenz, in der regelmäßig die gesammelten Werke der internationalen Niederlassungen präsentiert werden.

Was ich da sehe, treibt mir die Tränen in die Augen. Freudentränen.

Geniale Kampagnen mit höchster kreativer Qualität und Raffinesse gibt es da zu sehen, die die glücklichen Kunden weltweit perfekt unterstützen und alles gewinnen, was es an international relevanten Awards gibt.

Warum, frage ich mich, lässt man es nur zu, dass in Wien so viel weniger Hochklassiges in der Kreation produziert wird?

Während andere Kreative aus dem Team regelmäßig an der Videokonferenz teilnehmen, ist unser Wunderwutzi leider auch in den kommenden Monaten bei dieser Videokonferenz nie mit dabei. Hätte seinen Anspruch vielleicht etwas nach oben gezogen und man hätte ja vielleicht etwas lernen können. Aber um 9 Uhr im Büro präsent sein, ist halt schon unverschämt früh.

Ein paar Monate später kommt Karson wieder mal in „seinem" Büro vorbei, diesmal ohne Flauscher.

48

Das Katzenklo samt Inhalt war aber die ganze Zeit über als Platzhalter bei uns.

Trotz der eindringlichen Warnung an mich, Karson nicht zu aktivieren, spreche ich ihn an und bitte um Hilfe auf einem großen Pitch. Der soll nämlich auf Englisch gehalten werden und unser Wunderwutzi hatte ein paar Wochen vorher in der ersten Runde den Pitch in den Sand gesetzt, da er Englisch nach dem Motto sprach: „I speak English very well, zwar nicht richtig, aber schnell."

Vielleicht bietet man in der Werbeakademie künftig Englischkurse für Anfänger an? Nur so als konstruktiver Vorschlag.

Und da Vorbereitung ohnehin ein Fremdwort für ihn war, stotterte er vor dem Kunden den Kreativteil runter, dass es zum Fremdschämen war.

Da war er ohnehin in guter Gesellschaft, da eine Kollegin und seine engste Vertraute im Büro hysterisch ausfiel, denn sie könne doch auch kein Englisch.

Tja, so ist das, wenn die Erfahrungswelt hinter Wiener Neudorf aufhört und man außer Werbeakademie im Leben nichts gelernt hat.

Ich hätte als Chief Marketing Officer uns selbst nach dem ersten Aufschlag ehrlicherweise nicht mehr eingeladen, aber die andere Agentur schien auch nicht sehr viel besser performt zu haben und wir hatten 100 Prozent der Punkte für die strategische Herleitung erhalten.

Mal wieder hatte es die Strategie gerettet. Ein Hoch auf unseren Strategen.

Also einen Quasi-Native-Speaker dabeizuhaben, dachte ich mir, tue sicher gut.

Ich lud Karson zu einem Kick-off ein und der geschätzte Beitrag war: „Die Kreation muss viel besser werden. Die Idee muss eine Bewegung auslösen. Schickt mir die neue Idee wieder zu."

Karson stand auf und war wieder für ein paar Wochen weg und kam dann auch nicht zum Pitch.

Gott sei Dank bot sich ein anderer hochrangiger Kreativer aus Deutschland an.

Der Kollege war dann eine Wohltat für mich, denn so stellte ich mir einen guten Kreativen vor.

Ich hatte ja selber als Kunde mit unzähligen Agenturen gearbeitet und wusste, was man erwarten kann und soll.

Spät am Abend angekommen ließ er sich noch die Präsentation zeigen und fand in kürzester Zeit dutzende handwerkliche Fehler im Kreativteil.

Warum hatte unser Wunderwutzi diese offensichtlichen Fehler nicht vorher schon gesehen?

Der Kollege aus Deutschland machte einen wunderbaren Job und die Abwesenheit Karsons war schnell vergessen.

Wieder fragte ich mich, warum Karson und andere Kollegen die internationalen Niederlassungen in der Kreation zu unglaublichen Höchstleistungen antreiben konnten und bei uns in Wien richtete man es sich dann gemütlich ein.

Konnte es sein, dass die Freundschaft zum Wunderwutzi eventuell blind machte?

Dumm wird's dann nur, wenn eine Freundschaft geschäftsschädigend wird.

Karson ließ unserem Wunderwutzi einfach alles durchgehen.

Wenn Karson wüsste, was der Wunderwutzi wirklich von ihm hält … wäre es vermutlich vorbei mit der Freundschaft und Loyalität.

Ich entschied mich, Karson schrittweise in Pitches zu involvieren, da mit unserem Wunderwutzi einfach nichts zu gewinnen war.

Alle Pitches, die er verantwortlich führte, gingen verloren. Kein Wunder. Er hatte ja die erfolgreichen Mitarbeiter in seinem Team fast alle verloren und diejenigen die noch da waren, machten es sich in der Regel recht gemütlich im Büro. Hatte sowas von Jugendherberge.

Also musste ich Karson hinzuziehen, vor allem um dem Kreativteam, das mir zunehmend leidtat, irgendwie helfen zu können. Viel lieber noch hätte ich unseren Kreativkollegen aus Deutschland öfter hinzugezogen, mit dem wir so gute Erfahrung gemacht hatten, aber das wäre ein Affront gegen Karson gewesen und der Wunderwutzi hätte das auch niemals zugelassen.

Da war der typische „Deutschland ist böse Reflex" ganz deutlich ausgeprägt.

Wirklich jede Option wäre besser gewesen als der Wunderwutzi. Denn die jährliche, anonyme Befragung zum Wohlbefinden der Mitarbeiter war in seinem Teil des Kreativteams nicht nur im Keller.

Es standen, schriftlich festgehalten, in seinem Team der Vorwurf der Diskriminierung, des Mobbings, des Missmanagements und der Führungslosigkeit im Raum. Offen wollte niemand der Mitarbeiter dieses Thema ansprechen, da man Angst vor dem Wunderwutzi hatte, oder dem Stockholm-Syndrom verfangen war.

Ich reagierte auf diesen doch lauten Hilferuf der Mitarbeiter und versuchte immer, „über drei Ecken" Karson hinzuzuziehen, um den Kollegen wenigstens etwas Halt zu geben. Regelmäßig wurde ich für diese Versuche vom Wunderwutzi aber verbal abgestraft.

Ich ließ mich aber davon nicht einschüchtern. Da wir wieder einen internationalen Pitch hatten, bat ich Karson, erneut einen Teil zu präsentieren.

Das war aber ein Fehler.

Ich frage mich heute noch, ob der Auftritt von Karson zum Ziel hatte, den Pitch aktiv zu verlieren.

Die Vorbereitung seinerseits bestand darin, den Termin mehrmals zu verschieben, weil ganz wichtige Flüge irgendwohin sein mussten, dann gab es gar keinen Termin mehr, an dem er zur Verfügung stand und zu guter Letzt mussten wir ihn per Videokonferenz zuschalten.

Kann man ja machen.

Dann stand der Pitch an: Also der Vorstand des Unternehmens ist vollzählig anwesend und wir beginnen die finale Runde des Pitches, nachdem wir schon zwei Runden überstanden hatten.

Dann der große Auftritt unseres hochrangigen Kreativen, den ich voller Stolz angekündigt hatte:

Es folgen 15 Minuten lang standardisiertes Geplapper über „superduper Kreation". Ein Monolog vor dem Herrn.

Das hatte hier doch thematisch gar nichts zu suchen, dachte ich mir.

Ich konnte den Vorständen sekündlich zusehen, wie alle das Interesse verloren und anfingen, mit ihren Handys zu „spielen". Vor allem der CEO schien sichtlich genervt zu sein. Nach 20 Minuten war mir klar, dass wir verloren hatten. Natürlich haben wir dann noch alles gegeben und gingen nach 90 Minuten erschöpft nach Hause.

Verloren haben wir den Pitch aber gleich zu Beginn.

Ich verliere sehr ungern und hier hatten wir wegen mir und meiner falschen Personalentscheidung verloren. Mea Culpa.

Und der zweite Streich folgte zugleich. Auch hier bin ich mir nicht sicher, ob Karson den Pitch nicht aktiv gegen die Wand fahren wollte.

Sie, lieber Leser fragen sich sicher, warum er wollen sollte?

Nun, zu diesem Zeitpunkt war sein bester Haberer mit „gegenseitigem Einverständnis" gegangen worden und ich werde den subtilen und hochspekulativen Verdacht nicht los, dass er mir auf keinen Fall einen New-Business-Erfolg gönnen wollte. Man war anscheinend beleidigt.

Oder wie können Sie sich folgendes Verhalten erklären?

Wir sitzen in einem großen Konferenzraum einer der größten Handelsketten Europas und es geht um die entscheidenden Minuten, ob wir mit einem der größten Projekte, die das Wiener

Büro jemals hatte, betraut werden oder nicht. Dem Anlass entsprechend bete ich, dass Karson diesmal performt.

Der Vorstand ist präsent, die Marketingleiterin, Legal und Strategie sitzen mit am Tisch. Es geht um ein komplexes Beratungsmandat, an dessen Ende natürlich auch Kreation gefragt ist.

Ein halbes Jahr habe ich gemeinsam mit den Kollegen des Konzerns die Aufgaben analysiert, Workstreams eruiert und einen Projektplan erstellt. Wir müssen jetzt nur nochmal final den Vorstand überzeugen, denke ich mir.

Also, alles geben!

Wir alle stellen uns nochmal vor, damit auch Karson den richtigen Zugang bekommt und dann passiert es … schon wieder. Karson hält einen Vortrag über „superduper Kreation". Ich versinke in den Boden. Werde nervös, mein Herz rast. Noch bleibt der Vorstand ruhig oder zeigt zumindest sein Pokerface.

Diesmal entscheide ich aber richtig, überwinde meine gute Erziehung, stehe auf, fahre Karson ins Wort und dränge ihn sachte aber bestimmt thematisch zu den wirklichen Kundenthemen. Schnell fühlt er sich unwohl und überlässt mir das Zepter.

Puh, gerettet. Die Marketingleiterin nickt mir zu. Auch sie hatte Angst, dass das in die Hose geht.

Wir gehen also voran und stürzen uns in die Projektdetails. Ich beruhige mich, der Termin kommt in Schwung, alles läuft wieder in die richtige Richtung.

Gerade als ich beginne, mich zu entspannen, steht Karson plötzlich auf, brummelt patzig in die Runde, dass er hier fehl am

Platze sei und verlässt wie ein beleidigtes Kind den Raum auf Nimmerwiedersehen.

Mein Herz rutscht mir wieder in die Hose. Was soll das? Warum will er das hier unbedingt kaputt machen?

Es geht hier um signifikantes Neugeschäft für uns in Wien und weitere Services der gesamten Agenturgruppe!

Sprachlos starre ich in die Runde. Zum Glück steht mir die Marketingleiterin bei und meint mit einem Lächeln, dass Herr Karson wohl nicht seinen besten Tag habe. Alle lachen, um die Situation zu retten.

Wieder nehme ich alle Kraft auf mich und bringe den Termin emotional in die richtige Flughöhe. Nach diesem Termin bin ich so ausgebrannt wie noch nie in meinem Berufsleben.

Aber es hat sich gelohnt. Wir haben das Mandat gewonnen.

Rückblickend kann ich mir das Verhalten des international erfolgreichen Kreativen nur insofern erklären, dass ihn zum einen die Freundschaft zum Wunderwutzi blind machte und damit zu emotionalem Fehlverhalten führte.

Die „Wiener Gemütlichkeit", in der er sich sichtlich eingerichtet hatte, schien sich ebenfalls leistungshemmend auszuwirken. Aber das sind alles nur Spekulationen meinerseits.

Vielleicht gilt für diesen Menschen eben auch das Zitat, dass ein gutes Pferd eben nur so hoch springt, wie es muss und wird bei scheinbar niedrigen Hürden dann unkonzentriert und patzt. Pferdekenner nicken jetzt.

Was lernen wir aus diesen Geschichten?

Manchmal ist es leider notwendig, seine gute Erziehung hintenanzustellen und nicht nachzugeben, um einem „negativen Momentum" Einhalt zu gebieten. Fällt gut erzogenen Menschen manchmal sehr schwer, muss aber sein.

8.   Gute Miene zum bösen Spiel

Sie fragen sich sicher, warum ich nicht einfach fluchtartig das Schiff verlassen habe, wenn denn alles so schlimm war.

Ganz einfach: Ich hatte zwei sehr echte Motive.

Ich wollte nicht zulassen, dass es wie in so vielen Unternehmen oft der Fall ist: Der Dumme regiert und der Klügere gibt nach.

Das habe ich letztlich auch geschafft, und ich wollte nicht nur negativ motiviert sein, sondern wollte mir auch selbst beweisen, dass ich diesen Wahnsinn erfolgreich in ein positives Momentum drehen kann. Sobald der Wunderwutzi aus dem Unternehmen komplimentiert sein würde, wollte ich an meine bisherigen Erfolge anknüpfen.

Dieser Erfolg war dann letztlich für mich der Seelenbalsam und für das Team eine solide und wichtige Zukunftsperspektive.

Aber eines war mir schnell klar: Die Aufgabe hier hat ein Verfallsdatum. Ich musste es nur verantwortungsvoll setzen und für mich und das Team, das ich zurücklassen würde, einen geeigneten Zeitpunkt finden. Das Team im Stich zu lassen, war für mich keine Option.

Sehr schwierig wurde es für mich psychisch, wenn mich der Wahnsinn auch außerhalb der Agentur einholte.

Ein guter Teil des Jobs ist ja das Netzwerken, das ich, ich gebe es zu, auch für mich persönlich weiter aufbaute. Ich wollte ja weg aus diesem Käfig des Wahnsinns.

Meine guten persönlichen Kontakte hielt ich zunehmend von der Wiener Agentur fern und verwies gerne an die Niederlassungen im Ausland. Das war mir mittlerweile alles viel zu peinlich hier.

Wann immer ich aber alte und neue Kontakte traf, wurde ich relativ schnell, mal durch die Blume, mal direkt, zum Wunderwutzi befragt.

Das waren so Fragen wie: „Wie geht's dir mit dem eigentlich? Oder: „Das ist doch der mit der peinlichen Proletenschüssel". Der Kollege hatte einen froschgrünen, tiefergelegten, mit einem Sportauspuff getunten Sportwagen, den man schon von fünf Kilometer Entfernung hörte. Das Auto passte perfekt zu ihm.

Ich frage mich allerdings noch heute, wie man einen solchen Wagen als Firmenwagen aus ökonomischer und ökologischer Sicht erlauben konnte.

Und ich wiederhole mich: Hauptsache ohne Sinn und Verstand bei „Fridays for Future" herumspringen.

Andere Fragen waren: „Das ist doch der Choleriker. Wie hältst du es aus?" Wiederum andere fragten erst gar nicht, sondern stellten gleich klar, was sie von dem Mann hielten. Dabei war das Schlimmste für mich, dass von den drei renommierten Pitch-Beratern, die es in Wien gibt, keiner mit dem Wunderwutzi zusammenarbeiten wollte.

Jetzt stellen Sie sich meine Situation vor. Am liebsten hätte ich mich in Selbstmitleid ergeben und mir den Druck von der Seele gesprochen. Konnte ich aber nicht.

Erstens wären mir und der Agentur das als Schwäche ausgelegt worden und zweitens bin ich mir sicher, wäre der eine oder andere sofort zum Wunderwutzi gerannt und hätte erzählt, dass ich schlecht über ihn rede.

Also musste ich fast wöchentlich die Unwahrheit sagen:

„Eigentlich alles gut. Ich verstehe nicht, woher der Ruf kommt. Kreative sind halt immer ein bissl schwierig, hahaha usw."

Am liebsten hätte ich was anderes gesagt. Ich musste also lügen und mich zur Unkenntlichkeit verbiegen, für das Fehlverhalten eines anderen. Täglich. Ich kann Ihnen sagen, das geht mit der Zeit an die Substanz.

Nach außen musste ich also die Wahrheit verdrehen und nach innen in Richtung Headquarter beschränkte ich mich mit der Zeit mehr und mehr darauf, die wöchentlichen Eskapaden lediglich schriftlich zusammenzufassen. Denn das teilweise geschäftsschädigende Verhalten sollte auf keinen Fall irgendwann auf mich zurückfallen. Wer schreibt, der bleibt oder anders gesagt „Cover my ass" musste die Strategie sein.

Ich denke, ich habe mehrere dutzend Eskapaden aller Art berichten müssen. Feedback: außer Beileidsbekunden wenig bis nichts.

Einzige Antwort meines Vorgesetzten war immer: „Wir müssen ihn aushalten, denn manche Kunden hängen an ihm."

Welche Kunden, dachte ich mir. Die wenigen, die ich übernommen hatte, waren fast alle vor dem Absprung. Und gut mit Wunderwutzi auf ein Glasl gehen können ist halt zu wenig, wenn man nur ein halbwegs professioneller Marketingleiter ist.

Letztendlich, aber viel zu spät, wurde der Wunderwutzi „verabschiedet".

Wissen Sie, wie viele Kunden wir deshalb verloren haben?

Keinen!

Im Gegenteil, wir konnten in den folgenden Monaten, befreit vom täglichen Wahnsinn, die bestehenden Kunden nicht nur halten, sondern in fünf Monaten vier neue Kunden mit einem Auftragswert von ein paar Millionen Euro für die nächsten Jahre an uns binden. Mitten in der Corona-Krise.

Es ist nicht auszudenken, wie viel schneller die Agentur hochprofitabel geworden wäre, wäre es mir nur gelungen, für meine Analyse und Strategie, die ich nach meinen ersten 100 Tagen an die Zentrale kommuniziert hatte, grünes Licht seitens meines Vorgesetzen zu bekommen.

Dass es uns gemeinsam in der Folge auch gelungen ist, die Werte für Kundenzufriedenheit und Mitarbeiterzufriedenheit auf Höchststände zu bringen, war eine folgerichtige Auswirkung.

Quod erat demonstrandum.

## 9.	Bullshit Bingo

Eines meiner Lieblingsspiele während meiner Zeit als Managing Director bei der Agentur war „Bullshit Bingo". Oftmals hatte ich mein Bingo schon in der Früh zusammen.

Wollen Sie ein paar Gewinnertipps? Hier sehr gerne:

Immer beliebt gleich nach „frühem Antritt" in der Agentur so gegen 10 Uhr: „Host a Tschick für mi." Gerne auch verwendet vor und nach Kundenterminen.

Oder: „Ma, I muss scho wieder zum Kunden nach Wiener Neudorf. Die weite Fahrerei is oasch."

Sehr gerne auch bei Kundenterminen: „Gerade hat es noch funktioniert."

Immer wieder gerne: „Wir haben mit der Kreation noch gar nicht angefangen. Wir haben ja noch genug Zeit bis morgen."

Oder der wiederkehrende große Kreativinput: „Was ihr entwickelt, muss eine Bewegung auslösen. Es muss groß sein."

Von mir immer sehr geliebt: „Welcher Hund hat schon wieder auf der Treppe ein Hauferl hinterlassen?"

Nachmittags so gegen 15 Uhr: „Gemma Tischtennis spielen."

Und von mir auch sehr geliebt: „Also beim Demmner haben wir das immer so gemacht." Gerne der Namen auch mit „Dirnberger" austauschbar.

Dieser Standardsatz ist sicherlich auch ein Grund dafür, warum man in Wien immer nur austauschbares als Kunde bekommt, egal bei welcher Agentur man gerade ist.

„Das Meeting fällt aus" und „Das Meeting verschiebt sich" waren ganz sichere Wetten auf ein Bingo.

Gleichwohl die Agentur insgesamt unter Unterauslastung litt, der Satz: „Wir haben so viel zu tun. Das geht sich nicht aus."

Und per Mail mindestens einmal am Tag die Frage:

„Amazon-Paket ist da. Wem gehört's?"

Und die obligatorischen, wöchentlichen Mails: „Wer hat schon wieder den Saustall in der Küche hinterlassen?"

Und wenn man auf die Worte „Meeega", „Oida" oder „Oasch" ein Bingo setzte, kam man auf ein dutzend Bingos am Tag.

Tja, täglich grüßte das Murmeltier mit „zerebraler Diarrhoe".

10.   Wer anderen eine Grube gräbt, weiß, wo sie ist.

Nach meinem Antritt bin ich relativ schnell in den Mailverteiler aller Geschäftsführer der nach Größe wesentlichen Agenturen Österreichs aufgenommen worden.

Ich freute mich darauf, hier einen interessanten Austausch folgen und mitgestalten zu können. Immerhin ein Verteiler mit rund 30 Kommunikationsprofis.

Der erste Kontakt war auch sehr positiv. Ich wurde zu einem finalen Meeting eingeladen, bei dem es um die Absegnung einer Charta für richtiges Verhalten zu Pitches ging.

In vielen Ländern und in Österreich ganz besonders sind Pitches völlig aus den Fugen geraten. Die Unternehmen sind selten in der Lage, professionelle Pitchunterlagen zu erstellen, es werden zu viele Agenturen eingeladen und die Pitches sind meist unbezahlt.

Da der Aufwand für einen Pitch immens ist, konnte ich diese Initiative nur von ganzem Herzen unterstützen.

Ich wusste, dass es seit vielen Jahren immer wieder Anläufe zu einer solchen Charta gab, diese waren aber das Papier nicht wert, auf der es geschrieben wurde, da sich keiner daran halten wollte oder konnte.

Ein renommierter Pitchberater meinte zu mir: „Sobald die Herren Geschäftsführer den Raum verlassen, springen sie doch wieder jedem Pitch hinterher."

Als CMO habe ich immer maximal fünf Agenturen eingeladen und meist sogar weniger. Wenn ich als Leiter einer Marketingabteilung einen guten Job mache, dann weiß ich doch schon vorher, welche Auswahl an Agenturen das kann, was ich brauche und ich kann mit drei Agenturen genauso gut verhandeln wie mit fünf.

Natürlich wollen die Procurement-Abteilungen immer mehr und härtere Bedingungen, aber ich war mit Procurement stets in einem permanenten Dialog und konnte immer eine tragbare Lösung finden.

Mein Eindruck ist manchmal, dass viele CMOs einfach Angst vor Procurement haben.

Kann ich aber verstehen, denn die wenigsten CMOs haben eine fundierte Ausbildung im Umgang mit Zahlen und Daten und verfügen oftmals nicht über das Prozess- und Verhandlungsverständnis.

Ich wog daher ab, ob ich zu diesem Meeting gehen sollte, entschied mich aber dagegen.

Warum?

Vom Herzen war ich voll bei dem Thema allerdings wollte ich nicht nur „abnicken", was andere schon fertig formuliert hatten und ich war recht zuversichtlich, dass sich keiner an die Charta halten würde.

Ich hatte einmal die Erfahrung mit einem Wiener Agenturgeschäftsführer gemacht, der in der Vergangenheit gefühlt den halben Wiener Markt beherrscht hatte, wie die ein oder andere Wiener Agentur so Geschäfte macht.

Neben der üblichen Praxis des ungenierten Einverleibens von Kickbacks, mittlerweile in Wien gerne als Skonto-Regelung getarnt, rief mich in meiner Funktion als CMO der besagte Geschäftsführer an, nachdem er mit seinem Team bereits in der Vorrunde aus einem Pitch geflogen war:

„Hallo Herr Köfner, ja schade, dass wir raus sind, aber ich möchte Ihnen ein tolles Angebot machen. Ziehen Sie den Pitch durch und zeigen mir dann das Konzept des Gewinners und ich unterbiete dann den Preis in jedem Fall, wenn Sie mir sagen, wo ich landen muss."

Tja, so läuft das in Wien.

Das Angebot hatte ich natürlich nicht angenommen und die Agentur nie wieder eingeladen.

Ich nahm also nicht Teil an diesem Charta-Meeting, da ich es für „waste of time" hielt. Sollen die Frösche unter sich bleiben, dachte ich mir.

Ich wurde aber positiv überrascht, als wenige Monate später die österreichische Sektion der IAA die Charta unterstützte, unter ihr Dach nahm und propagierte.

Na bumm, dachte ich mir und trat mit unserer Niederlassung innerhalb weniger Minuten dieser tollen Initiative bei. Da hatte ich mich aber ordentlich verschätzt.

Ich darf voller Stolz sagen, dass wir uns zu 100 Prozent an die Charta-Vorgaben gehalten haben.

Einen Pitch haben wir zum Beispiel bereits im Vorfeld unter Verweis auf die Charta abgesagt. Ein Wettbewerber, der die Charta erst kürzlich unterzeichnet hatte, störte sich aber weniger daran, dass der Pitch die Regeln der Charta massiv verletzte.

Einen weiteren Pitch sagten wir nach der ersten Runde ab, als die detaillierteren Bedingungen klar wurden, und bei zwei Pitches konnten wir für uns eine Pitchfee verhandeln, auch mit Verweis auf die Charta und der Drohung, den Pitch zu verlassen.

Interessanterweise konnten wir alle Pitches hintereinander für uns gewinnen, auch die, wo wir auf die Charta-Regeln pochten.

Zum einen, weil wir uns von unserem Wunderwutzi getrennt hatten, der eben nur für ein Prozent aller potenziellen Kunden „leiwand" war.

Zum anderen, weil wir Strategie, Kreation und technologische wie auch prozessuale Kompetenz aus einem Guss perfekt liefern konnten und weil wir Rückgrat gezeigt hatten.

Zu meiner Freude rief mich nämlich das Unternehmen wieder an, dessen Pitch wir im Vorfeld abgesagt hatten. Das Unternehmen richtet aus, dass es den Entscheidern imponiert hatte, wie seriös wir uns aus dem Pitch zurückgezogen hatten. Den Kunden haben wir dann auch noch gewonnen.

Tja, Rückgrat ist keine Erfindung aus Wien, aber es funktioniert trotzdem, auch in Wien.

Leider stellte ich gleichzeitig fest, dass die Allianz der Willigen zur Best-Pitch-Charta schneller bröckelte, als Schnee in der Sonne schmilzt.

Meine anfänglichen Befürchtungen wurden wahr, als ich in einem persönlichen Gespräch mit einem der Initiatoren der

Charta erfuhr, dass ebendieser, noch während die Charta durch ihn ins Leben gerufen wurde, an einem Pitch teilnahm, zu dem ein Unternehmen über zehn Agenturen eingeladen hatte. Als ich den Geschäftsführer darauf hinwies, dass es ja kein gutes Vorbild sei, wenn die Agentur des Mit-Urhebers der Charta gleich mal eine Ausnahme mache, war die Antwort des guten Mannes, der Pitch habe ja schon vorher begonnen.

Äh ja, danke für das Gespräch, dachte ich mir.

Jetzt kann man sagen, irgendwie ist an der Ausrede etwas dran. Na gut, also lassen wir es durchgehen.

Ein paar Wochen später kam ich wieder mit ebendiesem Geschäftsführer zusammen, um mich abzusichern, dass keiner an einem Pitch teilnimmt, zu dem keine „Pitchfee" (Aufwandsentschädigung) ausgeschrieben war. Eine Pitchfee war ja eine der Grundbedingungen der Charta.

Unser Initiator der Charta antwortete, dass er teilnehmen würde, denn es handle sich ja um ein öffentlich-rechtliches Unternehmen und die seien in der Charta ja gar nicht erwähnt.

Der gute Mann agierte also nach dem Motto:

„Wer anderen eine Grube gräbt, weiß wo sie ist und umgeht sie bei Bedarf."

Für mich war klar: Die Charta war schneller tot, als sie geboren war und ich hatte richtig entschieden und meine Zeit damals nicht in der illustren „Chartagesellschaft" vergeudet.

Dann wurde es eines Tages richtig lustig auf diesem Mail-Verteiler.

Ein bekannter Geschäftsführer einer in Deutschland ansässigen Agentur hatte in einem Interview mit einem österreichischen Marketing-Medium, in dem alle Artikel und Interviews bekanntermaßen gekauft sind, geäußert, dass die Wiener Werbeszene „inzüchtig" und „grenzdebil" sei.

Ein Geschäftsführer einer der Agenturen, die seit Jahren die Phalanx der Unseriösen anführt, regte sich per Mail an alle unglaublich auf.

Er schimpfte, es müsse hier rechtlich vorgegangen werden, das sei rufschädigend und überhaupt, wer sei dieser depperte Piefke überhaupt?!

Nach mehreren unwürdigsten, ausländerfeindlichen Hasstiraden und einem Sturm im Sandglas sondergleichen antwortete ein Geschäftsführer einer anderen Agentur:

„Also der Mann ist ziemlich erfolgreich in Deutschland und er ist gar kein Deutscher, sondern Österreicher."

Ich fiel vor Lachen fasst aus dem Stuhl. Ja, so kann man sich halt auch zum Deppen machen.

Oder anders gesagt, es regen sich immer nur die auf, die sich angesprochen fühlen.

Aber das sollten Kommunikationsprofis doch eigentlich wissen, oder nicht?

Die ausländerfeindliche Hasstirade ist mir heute noch ungeheuerlich in Erinnerung. Ich war die meiste Zeit meines Lebens im Ausland und verabscheue solche dummen Nationalisten. Ich hoffe, diesem Mann in meinem Leben nicht mehr zu begegnen.

Erlauben Sie mir zu diesem Thema einen Einschub mit einem ähnlichen Erlebnis, das einen meiner Mitarbeiter besonders hart traf.

Eine meiner Aufgaben war es ja, die Agentur in einen stabilen Zustand zu bekommen, um mit einem geeigneten lokalen Partner zu kooperieren oder diesen zu übernehmen, um über inorganisches Wachstum schnell in die Top 3 nach Größe vorzurücken.

Nachdem ein Kooperationspartner scheinbar gefunden war, luden wir alle Mitarbeiter zu einer ersten gemeinsamen Zusammenkunft ein, um uns auf schöne Art zu begegnen und die Kooperation gut gemeinsam zu beginnen.

Bei dieser Zusammenkunft mit Speis und Trank äußerte einer meiner „Kreativen" gegenüber einem der Manager der anderen Agentur, dass er sich auf die Zusammenarbeit freue, um dann auch ganz viele Preise gewinnen zu können.

Die unglaublich erniedrigende Antwort des Managers war:

„Du gewinnst hier gar nichts. Du bist jetzt erst mal mein neuer Neger und arbeitest für mich."

Dass mein Kollege offensichtlichen Migrationshintergrund hatte, machte die Sache noch deutlich schlimmer.

Von diesem Vorfall erfuhr ich erst zwei Tage später über meine Mitarbeiter, die sich wunderten, dass ich das intern nicht zeitnah ansprach.

Offenheit zu ausnahmslos allen Themen war mir immer wichtig, denn ich sah unser Team als Erwachsene an und nicht als Kinder.

Das Management des vermeintlichen Kooperationspartners wollte doch tatsächlich diese Diskriminierung unseres Kollegen vor mir geheim halten und dachte wohl, dass der „Flurfunk" zufällig auf Urlaub ist.

Ein Kommunikationsverhalten wie im Kindergarten, dachte ich mir.

Toller Start!

Eine richtige Entschuldigung seitens des Managers: Fehlanzeige.

Die menschliche Größe, mit der mein Kollege aus der Kreation diese Erniedrigung getragen hat, bewundere ich noch heute.

Zurück zum lustigen Mailverteiler.

Der Mailverteiler entpuppte sich immer mehr als Spaßplattform.

Eines Tages erreichte eine Mail uns alle, in der sich ein Geschäftsführer, der viele Jahrzehnte in der Branche tätig war, mittlerweile ist er in Pension, in welcher er sich massiv aufregte, dass ein Ranking und vor allem die Erhebungsmethode des Rankings für ein Marketingmagazin nicht in Ordnung sei. Man müsse dagegen vorgehen, keiner dürfe mitmachen und so weiter und so fort.

Jetzt muss man an dieser Stelle erwähnen, dass die meisten Rankings in Österreich ein großer Witz sind.

Da wird getrickst, dass sich die Balken biegen.

Das besagte Ranking, über das sich der gute Mann also aufregte, war für ein Magazin, wir nennen es hier mal „Spezialservice", das seit vielen Jahren nur diejenigen lesen, die sich dort ein Interview gekauft haben, um zu sehen, ob es tatsächlich abgedruckt ist. Ansonsten liest das Magazin ja keiner.

Genauso relevant sind halt dann auch die Rankings.

In diesen Rankings kommt derjenige besonders weit vorne vor, dem der Herausgeber für viel Geld dann ein Interview an den Gekrönten, oder soll ich sagen Gehörnten, verkaufen kann.

Ich fragte mich also zweierlei: Warum regt sich der Mann über dieses Ranking auf, das keiner ernst nimmt, und warum regt er sich jetzt auf, nachdem er 40 Jahre bei all den Rankings des Wahnsinns mitgemacht hatte?

Vielleicht wollte er kurz vor der Pension seine verlorene Seele retten. Hatte wohl „Faust" gelesen.

Tja, Rückgrat ist was anderes.

Ich habe diese Rankings schon immer belustigt gelesen, und dann genau die Agenturen, die vorne waren, eben nicht zum Pitch eingeladen.

Denn wer nicht weiß, wie er sein eigenes Geld gut einsetzt, und wer Zeit damit verbringt, an unwichtigen Rankings teilzunehmen, der sollte mich niemals beraten dürfen.

Da ich nicht frei von den Übeln dieser Welt bin, hier mein ehrliches Geständnis: Ich habe als Geschäftsführer auch bei den meisten österreichischen „Kostenlos-Rankings" teilgenommen. Den Spaß, auf den ich jahrelang im Ausland sehnsüchtig gewartet hatte, wollte ich mir jetzt nicht wirklich nehmen lassen.

Warum sollen die Genüsse dieser Welt immer nur für die Sünder sein?

11. Wer bei drei nicht auf dem Baum ist, kriegt einen Award

Österreich ist ein sehr kleiner Werbemarkt und von allen Seiten drückt qualifizierter, internationaler Wettbewerb in den Markt und gewinnt stetig Marktanteile. Zu Recht!

Ganz groß sind wir aber in Wien in der Verleihung von Awards. Vom Goldenen Poldi zur Venus des CCA, über den Effie über Staatspreise und Preise von diversen Clubs sowie sämtliche Awards von zahlreichen extrem unwichtigen Medien, die alles und jeden prämieren, der bei drei nicht auf dem Baum ist.

Da werden Lebenswerke prämiert, der beste Mann, die beste Frau, die besten Nachwüchsler, die meisten Einreichungen, die meisten Nominierungen, Digital Awards, Media Awards, Alternative Awards, die besten Kommunikatoren, die besten Marketeers, die besten CMOs und -Innen, die besten neuen Marken, die besten alten Marken, den Vor-, Während- und den Nach-Corona-Award, Awards für Aufsteiger, für Absteiger, für Umsteiger … ich höre hier jetzt einmal auf.

Mir ist natürlich bewusst, dass die „Award-Industrie" mit dieser Schwemme an Auszeichnungen Geld verdienen will, denn die Einreichungsgebühren sind ja durchaus stattlich und wenn nur wenige gewinnen, reichen nur wenige ein und dann wird es wirtschaftlich schwierig für die Veranstalter.

Ich habe aber den Eindruck, dass wir uns hier in Österreich mit möglichst vielen nationalen Awards überschütten, um zu überdecken, dass die Branche strategisch und kreativ tiefliegt.

International wird nichts Relevantes geholt und wenn es mal eine internationale Nominierung gibt, dann von einer Niederlassung mit internationalen Wurzeln.

70

Die Österreicher, die etwas können, gehen ins Ausland. Es ist ein Jammer.

Und dann wird ja immer gerne auf den CCA Award verwiesen. Unser Wunderwutzi war da natürlich auch mal aktiv, was er mir dreimal die Woche erzählte, denn das sei das Gleiche wie der ADC in Deutschland. Ich musste dann immer aufpassen, dass ich nicht vor Lachen umfiel.

Wenn man den CCA mit dem ADC vergleichen will, dann hat man entweder keine Ahnung oder man ist extrem gut im Verbiegen der Realität oder man verfügt über einen ausgeprägten Narzissmus.

Vor Jahren hat mir mal ein Kenner der Szene in Wien gesagt: „Wenn die mit dem CCA in Portorož sitzen und Jury-Sitzung abhalten, glauben die, sie sind die Größten. Dabei ist das einfach nur Cannes für Arme." Das lasse ich so unkommentiert stehen.

Ich glaube man kann mit ruhigen Gewissen den Zustand der österreichischen Werbeszene und den Zustand der meisten Marketingabteilungen in Österreich mit der Österreichischen Fußball-Liga vergleichen:

Da gibt es einen einzigen Verein mit RedBull Salzburg der international mithalten kann, finanziert aus Gewinnen, die zu 90 Prozent im Ausland erzielt werden. Der Rest der Liga ist international völlig bedeutungslos, nicht konkurrenzfähig und kurz vor der Insolvenz.

Da ich viel im Bereich Sportsponsoring unterwegs bin, treffe ich auch immer wieder den ein oder andere Wiener Clubmanager. Da sind wir dann allerdings schon Spitzenklasse: In der überhöhten Selbstwahrnehmung.

71

In diesen Kreisen wird dann gerne nach einem Unentschieden gegen einen Verein aus Nordmazedonien in der Vorrunde eines internationalen Wettbewerbs, ganz schnell wieder „groß" Gedacht und der nächste Stadionausbau geplant.

Ich stehe dann meist peinlich berührt daneben und frage mich, warum wir uns in Österreich mit gesunder Selbsteinschätzung so schwertun.

Selbst die alten Griechen wussten schon, dass der Erfolg mit der Selbsterkenntnis beginnt: „Erkenne dich selbst", stand da am Orakel von Delphi.

Lieber Leser, verstehen Sie mich nicht falsch. Ehre wem Ehre gebührt, und jeder will mal einen Award als Bestätigung für harte Arbeit. Keine Frage. Und ich gönne es allen. Auch mir selbst.

Ich habe aber als CMO nur bei den international relevanten Awards einreichen lassen, um Kosten zu sparen und um uns nur mit den Besten zu messen.

Denn nur echte Freude ist die wahre Freude.

Wenn aber die Schwemme an nationalen, irrelevanten Awards in Österreich dazu führt, dass alle glauben, des Kaisers Kleider sind „the latest fashion", dann ist das Selbstbetrug.

Ich bin das Kind, das ruft: „Der Kaiser ist fast nackt." Ist halt so.

12. Wer nicht plant, plant sein Versagen und verliert Kunden

Bleiben wir noch etwas beim Thema Awards. Hierzu gibt es ja seit vielen Jahren vor allem im Ausland heftige Diskussionen, wie viele Awards und wie oft Teilnahmen an Awards Sinn machen. Denn für viele Awards müssen oft „Goldcases" produziert werden, also besondere Kreativideen, die dann eingereicht werden. Das ist für alle Agenturen ein beträchtlicher Ressourcenaufwand. Viele Ideen, die ausgearbeitet werden, erreichen dabei den Endkunden meist gar nicht oder nur peripher.

Ich sehe durchaus den Sinn für solche kreative Anstrengungen und Leistungsshows, denn zum einen können die Kreativen abseits des Tagesgeschäft zeigen, was sie zu leisten im Stande sind und einfach mal „verrückt" sein. Das fördert Spaß, Spannung und Spieltrieb und ist daher eine positive Anstrengung.

Ich plädiere aber dafür, nur an sehr ausgewählten Awards teilzunehmen und auch nicht jedes Jahr.

Sonst wird es wieder zur Routine und die ist des Kreativen Tod.

Ich schildere Ihnen jetzt eine Geschichte, wie es eben nicht laufen sollte.

Seit mehreren Tagen spürte ich schon eine „komische" Stimmung in unserem Kreativteam, wenn ich meine morgendliche Runde durch die Büroräume zur Begrüßung machte. Auch unser Wunderwutzi war irgendwie kleinlaut, was so gar nicht zu ihm passte. Irgendetwas war im Busch, ich wusste nur noch nicht was es war.

Eines Morgens war sein Teil des Kreativteams verschwunden und ich stellte fest, dass es ein großes und langes Meeting im größten Konferenzraum gab. In der Mittagspause des Meetings nutzte ich die Gelegenheit und wollte interessehalber mal rausfinden, was denn so gemacht wurde. Zu meiner Überraschung saßen drei Kollegen aus Norddeutschland mit dem Team zusammen.

Die Kollegen stellten sich als die „Award-Task Force" vor, die dafür zu sorgen hatte, dass auch in den internationalen Niederlassungen Awards produziert werden und dass das in geordnete Bahnen und mit höchster Qualität produziert und eingereicht wird. Grundsätzlich eine sehr feine Sache.

Bedenken hatte ich allerdings bezüglich des Timings, denn die Einreichfristen für Awards waren schon fast überschritten und ich kannte natürlich die Stundensätze der Kollegen aus Deutschland, die man im Vergleich zu österreichischen Stundensätzen mal locker verdoppeln kann. Als kaufmännischer Geschäftsführer, der eine Agentur zu sanieren hatte, saß ich auf dem Geld und ich hoffte in dieser einen Ausnahme, dass unser Wunderwutzi es bitte ohne die Hilfe der Kollegen aus Deutschland hinbekäme.

Dazu muss man wissen, dass man als Kreativer auch daran bewertet und bezahlt wird, wie viele relevante Awards man über einen Zeitraum gewinnt. Da unser Wunderwutzi schon seit zwei Jahren nichts mehr gewonnen hatte, war er unter Druck. Er hatte dummerweise die Kollegen, die ihm die Awards in der Vergangenheit gewonnen hatten, rausgeekelt, weil sie ihm intern wahrscheinlich zu „gefährlich" geworden waren. In der Folge gab es dann halt nichts mehr für ihn zu gewinnen.

Dumm gelaufen.

Nun, ich wartete mal ab, wann die Budgetanfrage für Award-Einreichungen kommen würde und es geschah erst mal … nichts. Ich schloss daraus, dass das Zeitfenster eigentlich schon zu war.

Wieder Geld gespart, dachte ich mir. Gut so.

Ein paar Wochen später traf ich zufällig Karson und den Wunderwutzi gemeinsam in einem Konferenzraum sitzend an, beide mit hochrotem Kopf und frostiger Stimmung. Ups, dachte ich mir, da hat es jetzt wohl gekracht.

Der Wunderwutzi stürmte zornig aus dem Zimmer und Karson erzählte mir aufgebracht, dass der Wunderwutzi immer noch nicht angefangen hatte, sich um Award-Cases zu kümmern und jetzt hätte er ihm mal Beine gemacht.

So ein Mist, dachte ich mir. Ich sagte Karson, dass es doch schon zu spät sei und berichtete ihm, dass unsere Kunden momentan richtig Gas geben und wir in einer hochproduktiven Phase seien und wir gerade an einem Pitch arbeiten. Ressourcen sähe ich da derzeit nicht und Budget für die Kollegen aus Deutschland schon gar nicht. Immerhin seien wir noch ein Restrukturierungsfall hier in Wien.

Karson machte mir klar, dass ihm das egal sei und dass das ein klarer Auftrag der Zentrale sei und ich dies nicht zu hinterfragen hätte.

Nun kann man mit Kunden, wenn man ein gutes Verhältnis hat, das ein oder andere Projekt verschieben, was wir auch taten, aber der Pitch war klar definiert und wir wollten und mussten den Pitch für uns entscheiden. Wir waren bereits die Agentur des Kunden, der Geschäftsführer und das Team schätzten uns sehr, so dass es eigentlich ein „Home-run" für uns werden sollte.

Leider kam, was kommen musste.

Da unser Wunderwutzi nie irgendetwas im Voraus plante, zog er abrupt alle guten, kreativen Mitarbeiter komplett aus dem Tagesgeschäft ab und ließ ausschließlich „Goldcases" erarbeiten. Die Arbeiten auf den Kunden kamen zum Erliegen und für den Pitch passierte nichts mehr. Da er angezählt war, musste er jetzt mit aller Gewalt seine Haut retten. Teile seines Teams kamen heimlich zu mir und beschwerten sich bitterlich, teilweise mit Tränen in den Augen. Aber was sollte ich tun? Es war ja von ganz oben so abgesegnet.

Viel zu spät und unter massivem Drängen der Kundenberatung kam es zur Vorstellung der kreativen Idee für den Pitch. Ich setzte mich in den Konferenzraum und an der Wand sah ich schon mal den Screensaver projiziert. Der Wunderwutzi musste noch eine Zigarette rauchen und ließ mal wieder alle warten. Dann kam er, setzte sich hin, starrte den Screensaver an und … in dem Moment wurde mir klar, dass das gar nicht der Screensaver war, sondern der Vorschlag für ein Sujet für die Kampagne.

Ich war sprachlos. Ich konnte einfach nichts sagen, ich war wie eingefroren. Am liebsten hätte ich losgebrüllt, aber was konnte sein Team dafür, dass plötzlich alle für seine Cases arbeiten mussten und mal auf die Schnelle für einen Pitch etwas aus dem Ärmel zaubern mussten.

Was ich da sah, war so ziemlich das Schlechteste, was mir jemals untergekommen ist. Also im Kindergarten wäre das Niveau höher gewesen. Ich denke, dass unser Wunderwutzi schnell merkte, dass die gesamte Kundenberatung sprachlos war.

Er räumte ein, dass das noch nicht perfekt sei, und gelobte Besserung bis zum Pitch-Termin: morgen.

Gleichwohl der Kunde uns sehr nahestand, haben wir den Pitch krachend verloren. Ich schäme mich noch heute. Rückblickend hätte ich den Termin absagen müssen, um wenigstens unser Gesicht zu wahren.

Die Planlosigkeit unseres Wunderwutzis, die zum Verlust des Kunden führte, und der angebliche strategische Wille, „Goldcases" durchzuboxen und ihm dazu zu verhelfen, den Kopf aus der Schlinge zu ziehen, kostete uns eine Viertelmillion Euro, wenn man die Kosten miteinrechnet, die es bedarf, einen Kunden gleicher Größe wieder zu gewinnen. Ein riesen Rückschlag für meinen Sanierungsplan, die Agentur innerhalb von 18 Monaten von einem chronischen „Loss-maker" auf Profitabilität zu trimmen.

Der Treppenwitz an der ganzen Geschichte war, dass man wieder keinen einzigen Kreativ-Award gewann. Sein Team tat mir einfach nur noch leid. Loose-loose nennt man so was.

Was lernen wir daraus?

Man weiß heute anhand moderner Analysemethoden, dass Kreation zu rund 40 Prozent zum Kampagnenerfolg beiträgt. Kreation sollte daher entsprechend inhouse auch eine 40-Prozent-Rolle einnehmen und nicht gefühlte 140 Prozent.

13. Alte Alte und junge Alte – Wenn jeder jedem im Weg steht

Wohlwissend, was mich an Selbstbeweihräucherung erwarten würde, habe ich zumindest zu Beginn den ein oder anderen Clubabend oder Verbandsabend besucht. Besonders enttäuschend war für mich allerdings die Generalversammlung der österreichischen Sektion der IAA.

Nein, das ist nicht die Internationale Automobil-Ausstellung, sondern die International Advertising Association.

Keine Sorge, muss man nicht kennen.

Guten Mutes gehe ich mit einem Kollegen aus einer anderen internationalen Niederlassung, der ein erfahrener Business-Development-Experte ist, zur Generalversammlung, um ihm zu zeigen, dass wir hier nicht hinter dem Mond leben. Wir kommen etwas zu spät in den Saal und stellen fest, dass dieser nur zu 10 Prozent besetzt ist. Wir setzen uns rasch und ich blicke auf das Podium. Gefühlt sitzen mehr Menschen auf dem Podium als im Plenum und ich frage mich, ob da eine Diskussionsrunde stattfindet. Kann aber nicht sein, denke ich mir, denn die sitzen alle schweigend hinter ihren Namensschildern.

Irgendwann wird mir klar, dass das der Vorstand des IAA ist, und zwar sage und schreibe ein Dutzend Vorstandsmitglieder.

Warum sitzen bei der IAA so viele Menschen im Vorstand, frage ich mich. Von dem Dutzend stechen zwei Damen heraus und der Rest besteht aus gelangweilten Männern, die bis auf eine Ausnahme über 60 Jahre alt sind. Zumindest sehen sie so aus.

Zum Glück redet aber die ganze Zeit nur einer der Vorstände wie immer launiges Zeug daher wie beim Heurigen.

Natürlich kenne ich alle, die dort sitzen. Das sind die Herren, die überall sitzen. Manchmal frage ich mich, ob diese Menschen geklont sind oder vor ihrem Privatleben flüchten müssen.

Mein Kollege und ich amüsieren uns köstlich über den launig vorgetragenen Nonsens, vor allem über den völlig verständnislos präsentierten Part der weltweiten Aktivitäten der IAA. Ich frage mich, ob die Dame eigentlich selber versteht, was sie da präsentiert. Jedenfalls weiß ich nun, warum nur rund 20 Mitglieder im Plenum sitzen.

Totale Zeitverschwendung.

Lustig wird's so richtig, als ein älterer Herr, das Urgestein, bei dem gefühlt alle in Wien gelernt haben und auf den sich alle replizieren und nichts mehr dazulernen wollen, die neue IAA-Kampagne vorstellt.

Für den geneigten Leser, der sich in der Werbeszene nicht so auskennt, sei gesagt, dass besagter Herr verneigungswürdige Meriten hat. Die sind allerdings schon ein paar Jahrzehnte her.

Nun gut, denke ich mir, der große Maestro stellt eine Kreativkampagne vor.

Ich bin sehr gespannt und erwarte den „Magic Moment".

Und die geniale Kampagne lautet (Trommelwirbel):

„Tu ma was, dann tut sich was", Absender IAA.

Sofort assoziiere ich die Kampagne mit meiner Schulzeit. Es muss in der dritten Klasse gewesen sein, als die Lehrerin mal sagte: „Tun tut man nicht sagen tun."

Mann oh Mann, denke ich mir, jetzt wirken wir auch noch an der sprachlichen Verblödung aktiv mit. Ich könnte losheulen.

Ich will schon gegenüber meinem Kollegen zu lästern anfangen, der mit offenem Mund neben mir sitzt, er kann es auch nicht fassen, was er da sieht, da wird vom Vorstand berichtet, dass die Kampagne unter Mitwirkung vom Wunderwutzi erstellt wurde. Ach du sch... denke ich mir, das gibt's doch nicht. Ich versinke in meinem Stuhl und will eigentlich nur noch weg.

Später erfahre ich, dass die Kampagnenidee nichts gekostet hat. Na immerhin.

Also wenn Alte alt sind und alt denken ist das das Eine. Leider sitzen aber die alten Alten, nichts gegen Erfahrung werter Leser, in der Wiener Szene überall. In den Agenturen, in den Medien und in den Verbänden.

Zum Glück immer weniger auf Kundenseite. Deshalb sterben viele Agenturen ja auch langsam vor sich hin oder fusionieren mit internationalen Agenturen als letzten Rettungsakt.

Das Problem ist aber, dass auch jüngere Semester mit alter Denke in den Agenturen und in den Medien sitzen.

Ich hatte die Gelegenheit, den ein oder anderen Agenturleiter kennenzulernen und immer wieder fiel der Satz: „Also beim Demmner haben wir es damals so gemacht." Das scheint irgendwie das nicht totzukriegende Cordoba der Wiener Werbebranche zu sein.

Jetzt könnte man sagen, ich stehe gegen Erfahrung. Ich kann versichern, dass ich das nicht tue. Im Gegenteil.

Ich konnte mir auch vor meiner Zeit in der Wiener Agenturszene nicht vorstellen, wie rückständig selbst Geschäftsführer meines Alters arbeiten und hausen.

Ich durfte einmal eine frisch renovierte Agentur besuchen und auf die Renovierung war man sichtlich stolz. Der Schein war großartig.

Aber als ich das Geschäftsführerzimmer betrat, wurde mir anders zumute.

Das Büro war viel zu weit weg vom Team, alte, halb vertrocknete Kübelpflanzen aus den 70er Jahren, so etwas kannte ich nur aus alten Filmen, Stühle und Tische aus den 80ern und die billigsten Neonröhrenleuchten aus den 90ern sprangen mich von der Decke an. Und hier wird also modern und innovativ geführt, dachte ich mir.

Da werden sämtliche Lehren zu modernen Arbeitswelten ad absurdum geführt.

Ich musste mich mit der Geschäftsführung gar nicht mehr unterhalten, um zu wissen, wie es hier tickt. Ich hielt die Gespräche knapp und war froh, aus diesem Grab zu entkommen.

So unwohl hatte ich mich lange nicht mehr gefühlt. Ach ja, Demmner war auch im Geiste mit dabei und wurde natürlich mehrmals zitiert. Bingo!

Lieber Leser, nun könnte man sagen: Aber dafür ist es einfach lässig in einer Wiener Agentur zu arbeiten und man darf halt nicht so spießig nach Äußerlichkeiten gehen.

Da würde ich entgegnen:

Was ist so cool daran, für einen Hungerlohn zu arbeiten? Leiwand gemeinsam abzuhängen macht halt auf Dauer auch nicht satt.

Was ist so cool daran, kaum Weiterbildung zu bekommen und aktiv dumm gehalten zu werden?

Was ist so cool daran, wenn hinter Wiener Neudorf für viele geistig schon das Ausland beginnt?

Was ist so cool daran, kaum Zukunftsperspektiven zu haben, außer man will den Rest seines Lebens als Freelancer von der Hand in den Mund leben?

Nichts!

Deutlich anders sieht es natürlich aus, wenn man sich in einem kompetitiven Markt (also außerhalb Österreichs) für relevante Marken und Unternehmen täglich mit der Spitzenklasse messen muss und man entsprechende Ausbildung bekommt. Dann ist das ein wunderbarer Beruf in einer tollen Branche.

Ich hatte mich als CMO immer gefragt, warum ich Wiener Agenturen meist schon daran erkannte, dass die Teams immer extrem jung waren, nur der Geschäftsführer war schon grau meliert. Dieses extreme Auseinanderklaffen war mir ein Rätsel, denn wer will schon ausschließlich von „Jugend forscht" oder einem Praktikanten beraten werden?

Internationale Agenturen hatten meist eine deutlich ausgewogenere Altersstruktur.

Heute weiß ich, dass man sich in Wien gerne einen Kindergarten hält, um es sich in der Führung möglichst einfach zu machen und vor allem, weil sie einfach billige Arbeitskräfte sind.

Bei den Budgets, die gezahlt werden, ist eben manchmal nicht mehr drin, oder der nächste Porsche oder Pool des Eigentümers muss finanziert werden.

Bleibt mir nur ein Fazit: Wenn auch die relativ jungen Geschäftsführer schon geistig alt sind und die Agenturen wie im Stil der „Hot 90ies" bis auf den letzten Cent ausgepresst werden, worauf mancher offensichtlich sehr stolz ist, sollte man es langsam mit der Angst zu tun bekommen.

14.　Da war doch noch was: Ach ja, die Kunden

Meinen ersten Kundenkontakt hatte ich ja ziemlich desillusioniert hinter mir. Dass man einen Marketingleiter mit dem Spruch: „Da moch ma a geile Gschicht" schon zufriedenstellen konnte war interessant, aber man sollte vom Einzelnen niemals auf das Allgemeine schließen.

Mein zweiter Kontakt wurde aber noch lustiger. Ein großer B2B-Kunde hatte bei uns einen recht hohen Betrag an ausstehenden Zahlungen auflaufen lassen, was meine Vorgänger billigend in Kauf genommen hatten.

Es war also mein Auftrag, diesen Betrag zügig einzutreiben und unsere Dienstleistung danach einzustellen. Da es sich um ein börsennotiertes Unternehmen handelte, sollte man doch hier eine verständige Lösung finden, dachte ich mir.

Ich sprach mein Team darauf an und beim Nennen des Namens des CMO zuckte das Team zusammen und ich spürte, dass hier alle Angst vor dem Kunden hatten. Ich bohrte tiefer und erfuhr, dass dieser CMO schon des Öfteren in der Agentur war, direkt in die Geschäftsräume gelaufen war und die versammelte Mannschaft auf das Übelste angeschrien hatte.

Keiner meiner Vorgänger schien sich daran gestört zu haben, denn dies sei wohl öfters vorgekommen.

Für mich eine Ungeheuerlichkeit, denn, was hat ein Kunde in den Büros der Mitarbeiter ohne Einladung zu suchen und wie unverfroren ist es, dort die Mitarbeiter anzubrüllen.

Ich fragte mein Team, warum das nicht weiter nach oben eskaliert wurde und ich bekam die Antwort, dass dieser CMO mit unserem kreativen Wunderwutzi aufs Engste befreundet war.

Gleich und gleich gesellt sich halt gerne, dachte ich mir.

Um mich noch besser auf den bevorstehenden Termin vorzubereiten, fragte ich meinen Bekanntenkreis ab und bekam einhellig die Antwort, dass für diesen CMO eigentlich niemand mehr in Wien arbeiten wolle, da er einfach „gestört" sei.

Das kann ja was werden, dachte ich mir und bat „untertänigst" um einen Termin, der für den CMO sicher zu einer bleibenden Erfahrung wurde.

Gnädigerweise bekam ich einen Termin in den heiligen Hallen und durfte in einem kalten und lieblosen Vorzimmer warten. Die Vorzimmerdame strahlte ein Gefühl der Angst und Unsicherheit aus und alle paar Minuten huschten ein paar graue Mäuse tiefgebeugt und devot in und aus dem Zimmer des Maestros.

Mein Gott, dachte ich mir, wie schlimm muss es sein, Jahr um Jahr in so einem Umfeld arbeiten zu müssen. Ich würde das nicht aushalten.

Nach der obligatorischen Wartezeit, die einem nochmal zeigen soll, dass man eine kleine Wurst ist, öffnete sich die schwere Holztür und ein graues Männlein, modisch aus den 70ern, bat mich herein.

Gleich wies mir das Männlein den Platz auf einem alten niedrigen Stuhl zu nach dem Motto „Sitz, Platz, gib Pfötchen".

Diese Anweisung ignorierte ich gleich mal, um dem guten Mann zu zeigen, dass hier kein Agenturwürstchen zur Tür reinkommt, sondern jemand, der ein deutliches größeres Rad in seinem Leben gedreht hat als unser Männlein, und zeigte ihm durch meine Körpersprache, dass wir uns aber sehr gerne auf Augenhöhe unterhalten könnten.

Ich ging direkt auf die Regalwand zu, auf der die Phallussymbole der letzten Jahrzehnte präsentiert waren. Mir wurde klar, dass unser Männlein nicht sehr oft bei drei auf dem Baum gewesen war und alles, was keinen Rang und Namen an Awards hat, ausgestellt hatte. Die meisten Awards gibt es heute gar nicht mehr.

Ich hatte den richtigen Knopf gedrückt und voller Stolz erzählte er mir von seinen Errungenschaften. Die Zeit verging und wir hatten einen munteren Austausch über dies und das.

Irgendwie musste ich es nun anstellen, zum einen die ausstehende Summe einzutreiben und andererseits die Zusammenarbeit möglichst ohne großen Streit zu beenden. Auch unsere Zentrale wollte die Zusammenarbeit beendet sehen.

Auf die Zahlungen angesprochen kam es schneller als erwartet zu einem mündlichen Commitment, dass dies nun veranlasst würde und im Rausch der spürbaren Erleichterung schob ich in leisem Ton noch nach, dass es manchmal in einer schwierigen Beziehung gut sei, eine Auszeit zu nehmen, um sich zu sortieren.

Mein Gegenüber bejahte dies und ich fügte an, dass man ja zu einem späteren Zeitpunkt einen Workshop machen könne, um eine mögliche neue Zusammenarbeit zu strukturieren. Keine Widerworte. Er hatte es „geschluckt", ohne genauer nachzufragen, und ich sah nun zu, rasch den Termin zu beenden.

Mündlich hatte ich meine Ziele schon mal erreicht.

Ich verließ das Büro und bevor unser Männlein Zeit zum Nachdenken bekommen hatte, setzte ich mich in das graue Vorzimmer, fasste ein Protokoll zusammen, sendete es an den CMO und in Kopie an unsere Zentrale.

Schnelligkeit in der Kommunikation ist ja bekanntlich „King", um gleich von Anfang an die Deutungshoheit zu haben.

Danach kam dann anscheinend das große Erwachen.

Es setzte von Seiten des CMO ziemlich ruppige Mails, da er die Zusammenarbeit keinesfalls beendet haben wollte. So „devote Idioten" wie uns würde er vermutlich auch nicht mehr finden, dachte ich mir.

Da er uns aber Geld schuldete und ich ihn immer wieder auf unser Gesprächsprotokoll verweisen konnte, hatte sich das Thema nach einem halben Dutzend Mails erledigt.

Spiel, Satz und Sieg.

Ein klares Signal an meine Mitarbeiter: Wir sind eine selbstbewusste Agentur, und es gibt Grenzen des Anstandes, die niemand unterschreiten darf.

Es hat dann ein paar Wochen gedauert, bis dieser ehemalige Kunde eine neue Agentur gefunden hatte.

Interessanterweise eine Agentur, in der ehemalige Kollegen arbeiteten, die genau wegen diesem Kunden von uns geflohen waren. Die Armen, dachte ich mir.

Meist war mein Alltag aber weniger spannend als erhofft. Bis auf ein paar wenige Kundenprojekte war ich leider meist unterfordert. Ziemlich blauäugig hatte ich gedacht, dass meine ehemaligen Berufskollegen im Marketing ihre Agenturen als Berater nutzen, so wie ich das getan hatte. Ich nutzte als CMO alle Dienstleister um uns herum, um uns permanent „challengen" zu lassen.

Es war mir wichtig, nicht nur eine verlängerte Werkbank zu haben, die uns Lästiges abnimmt, sondern Berater, die unsere internen Abläufe prüfen, die neuen Ideen und Innovationen mitbringen, die uns tagtäglich neues Know- how vermitteln und die uns helfen, das Richtige zu tun.

Ich scheute daher nie Kritik, ja forderte diese immer ein. Im Ausland ein ganz normaler Ansatz.

Leider hörte ich viel zu oft von Kundenseite: „Können wir machen oder darüber sprechen, nur jetzt gerade nicht. Es ist zu viel zu tun." Ein Standardsatz.

Ich hatte Kundentermine, bei denen dem oder der CMO die Angst im Gesicht stand, wenn ich neue Ideen entwickelte oder kritische Fragen stellte.

Meist ging ich aus diesen Terminen und hatte Mitleid mit meinen ehemaligen Berufskollegen.

Wie wollten sie es mit dieser Einstellung bis zur Rente schaffen? Sie bissen sich im Tagesgeschäft fest und hatten schon vor langer Zeit den Blick für das Wesentliche verloren.

Ein guter Indikator für die Qualität eines CMOs ist dabei zum Beispiel auch die Erreichbarkeit und die Flexibilität für wichtige Themen unkompliziert ein Meeting aufsetzen zu können.

Ich war in den letzten Jahren gleichzeitig für bis zu sieben Marken in vielen Ländern der Welt zuständig und dabei stets für meine Berater erreichbar. Deshalb ist es mir bis heute unerklärlich, wenn Menschen, die nur für eine Marke in nur einem Land zuständig sind, nicht gut erreichbar sind, weil sie angeblich permanent in ganz wichtigen Meetings sitzen. Da würde ich schon mal hinterfragen, ob wir es hier mit effizienter Zeitallokation zu tun haben.

Wir hatten mit der Agentur zum Beispiel eine Kundin, die immer gestresst und bleich um die Nase war und nie vor 20 Uhr erreichbar war.

Zuerst dachte ich mir, dass das nur eine Masche sei und das übliche „Ich bin ja so beschäftigt…". Mit der Zeit stellte ich fest, dass die Dame tatsächlich nie erreichbar war, nie zur Ruhe kam und vor allem sich völlig in Details verloren hatte.

Demzufolge war die Fluktuationsrate in ihrem Team so hoch, wie ich es noch nie in einem Unternehmen gesehen hatte. Jeder rettete sich zuerst in diesem Team und die rechte Hand wusste nicht, was die linke tat. Also für jeden Führungskräfteberater ein gefundenes Fressen.

Mir tut diese Kollegin wahnsinnig leid. Wie kann man so arbeiten? Ein freudloses Verleben von kostbarer Lebenszeit.

Wenn es dabei wenigstens erfolgreich für das Unternehmen gewesen wäre. War es aber nicht.

Die völlige Überforderung der Dame führte zu einer Beratungsresistenz und in der Folge jagte, laut Aussagen meiner Kollegen, zu Beginn der Zusammenarbeit ein Krisentermin den nächsten.

Über eine simple Maßnahme, nämlich über einen Workshop den „Disconnect" sowohl innerhalb der Agentur, als auch beim Kunden und zwischen Agentur und Kunde herauszuarbeiten, konnte der Kunde nicht nur gehalten, sondern die Zusammenarbeit deutlich effizienter gestaltet werden. Kurz nach meinem Antritt stellte ich daher ein Team zusammen, das emphatisch in der Lage war, die Panikattacken der Dame konstruktiv zu umsorgen und diesen Workshop zielführend um zu setzen.

Ich bin vor allem einer Person in meinem Team auf ewig für die stets sehr geduldige und immer konstruktive Art des Umgangs mit diesem Kunden dankbar. Ich hätte das nicht geschafft.

Über einen mehrstufigen Workshop führten wir dann die Marketingleiterin über die Hintertür zur Erkenntnis, dass Probleme früh und in Ruhe intern angesprochen werden müssen und auch zuerst intern überprüft werden muss, wo die Informationsasymmetrie ist, bevor man unreflektiert auf die Agentur abzielt.

Aus meiner Erfahrung gilt: Die Agentur ist immer nur so gut wie der Kunde und umgekehrt.

Der Fokus auf kurzfristige Problemlösung führte dazu, dass die große Linie nie hinterfragt wurde und noch schlimmer, sie umgab sich nur noch mit Menschen, die ihre kurzfristigen Probleme lösten.

Also sozusagen ein Fußballteam aus zehn Liberos. Damit gewinnt man aber nicht mal die Kreisklasse.

Ich denke im Ausland wäre die Dame mit ihrer Führungskompetenz maximal Sachbearbeiterin geworden.

Vielleicht wäre sie in einer solchen Position auch sehr viel glücklicher.

Dramen entstanden auch, wenn ich CMOs zu Veranstaltungen in unseren Niederlassungen im Ausland einladen wollte.

Ich selber hatte diese Gelegenheiten immer genutzt, um mich weiterzubilden und um zu sehen, wie im Ausland die Post abgeht oder um einfach nur mit dem Gefühl wieder nach Hause zu fahren, dass alle mit Wasser kochen und dieselben Herausforderungen haben.

Auf unsere Einladungen zur Fortbildung gab es Ausreden aller Art und wenn ich doch mal einen oder eine CMO überzeugen konnte, dann saßen sie den ganzen Tag mit meinen Wiener Kollegen herum und nutzten in keinster Weise die Möglichkeit des Netzwerkens. Wenn ich das so von der Ferne beobachtete, dann hatte ich das Gefühl, dass die Kollegen sich wie ein „Würstchen in der Turnhalle" fühlen.

Immer wieder bat ich die Marketingleiter, auch deren Stellvertreter oder die High-Performer zu uns zu schicken. Aber das war ganz unerhört. Wenn sich der CMO nicht traut, dann müssen die Kollegen auch dumm bleiben.

Ich fand das eigentlich immer sehr schade. Da gehen sie wöchentlich zu belanglosen Veranstaltungen nach Wien und die Chance, als Kunde kostenfrei von den Besten der Welt zu lernen, bleibt ungenutzt.

An dieser Stelle möchte ich allerdings die Bemühungen des Marketing Club Österreich hervorheben, der nicht müde wird, das Ausbildungsniveau zu heben. Aber das ist natürlich nur der sprichwörtliche „Tropfen auf den heißen Stein".

Meine Erfahrung ist, dass es auf Unternehmensseite ganz viele graue Mäuse gibt, die sich irgendwie durchwurschteln.

Ich habe keinen Totalausfall erlebt und einige wenige gestandene Profis, aber viel zu wenige Outperformer, die auch internationalen Ansprüchen gerecht werden. Das ist einfach zu wenig in einer Zeit, in der es keine Grenzen für Wettbewerb jedweder Art gibt.

Tja liebe Vorstände und Geschäftsführer, so ist das, wenn man ins Marketing nicht die Besten setzt, sondern die Übriggebliebenen, Günstigen oder Angenehmen.

Folglich werden Sie rechts und links von der Konkurrenz aus Ost und West überholt.

15.   Eine Schwalbe macht noch keinen Sommer. Gibt aber Hoffnung.

Mir ist natürlich klar, dass alle derzeit Aktiven der Wiener Werbeszene ausschließlich positive Kundenerlebnisse haben und sich alle gaaanz lieb haben und alles gaaanz toll ist, aber das muss ja so sein, denn auf gefühlt 100 Agenturen kommen ja nur gefühlt zehn Kunden und da muss man sich schon gegenseitig gehörig Honig um den Mund schmieren.

Natürlich hatte ich viele professionelle Kundenerlebnisse, davon möchte ich hier gerne berichten, auch wenn sie nicht so lustig sind wie die unprofessionellen „Gschichtln".

Bezeichnenderweise braute sich ein hochinnovatives Projekt mit einer österreichischen Niederlassung eines deutschen Konzerns zusammen.

Wie immer startete die Kundenbeziehung mit einer Einladung, um einen internationalen Kampagnenetat zu „rittern".

Wir traten dort zum Briefing an und wir wurden recht professionell auf das Thema gesetzt. Gute Marktanalysen und ein ehrlicher Status quo gepaart mit einer klaren Aufgabenstellung. Das war schon mal ein guter Anfang.

Wir machten uns ans Werk und gingen tief in die strategische Analyse. Je mehr wir gruben und analysierten, desto klarer wurde uns, dass der Kunde erst mal gar keine Kampagne brauchte.

Daher baten wir den Kunden um einen Workshop mit der Marketingabteilung, Strategieabteilung und der internen Marktforschung und ich begann damit folgendes Szenario zu skizzieren:

„Sie drücken seit Jahren im Aufzug stehend denselben Knopf, immer öfter und immer schneller, aber der Aufzug will einfach nicht losfahren. Wollen wir nicht einmal aus dem Aufzug aussteigen und nachdenken, ob es entweder einen anderen Weg gibt oder es vielleicht einen anderen Knopf zu drücken gilt?!"

Es war gewagt, denn der Kunde hatte eine internationale Kampagne für sieben Länder erwartet und Zeit ist Geld. Um

92

mein Ansinnen zu untermauern, schilderte ich meine Erfahrungen als CMO, meine Challenges, vor allem meine Fehler und auch Erfolge und skizzierte, wie ich dennoch zum Ziel kam.

Ich erzeugte ganz bewusst Ähnlichkeit zum Kunden und stellte fest, dass ich schnell den Geschäftsführer und die erfahrene CMO auf meiner Seite hatte.

Es begann eine hochproduktive Phase über mehrere Monate, in der wir mit hohem gegenseitigem Vertrauen uns Schritt für Schritt dem neuen Projekt näherten. Meine Challenge war allerdings nach kurzer Zeit nicht mehr der Kunde.

Zu meiner Verwunderung begann unsere Kundenberatung nervös und unsicher zu werden. In all den Jahren waren sie eben keine Berater gewesen, sondern zu stupiden Projektabwicklern erzogen worden.

Wo ich die Chance auf ein spannendes Projekt sah, mit allen Problemen und Rückschlägen, die normal sind, fühlte sich mein Wiener Team sichtlich überfordert.

Ich musste reagieren und wir holten unsere internationalen Kollegen an Bord, für die ein solches Projekt täglich Brot war und ist.

Wieder wurde mir offensichtlich, wie groß die Lücke mittlerweile zwischen Ostösterreich und dem Rest der Welt ist.

Das Mandat haben wir gewonnen und wird die Gruppe über Jahre beschäftigen.

Klar, so ein Projekt ist natürlich anstrengender, als ein Out-of-Home-Plakat zu erstellen und für ein paar Euro nach Preisliste wie beim „Eisgreissler" zu verkaufen, aber ein solch komplexes

Projekt gibt so viel mehr an Erfahrung und Erfolgsgefühl zurück. Und Marge.

Vor allem rückt es die Agenturen dahin, wo man noch Geld verdienen kann und wo heute moderne Agenturen stehen sollten.

Eine zweite Schwalbe sah ich während eines weiteren Pitches fliegen.

Eine tolle österreichische Marke rief zum Pitch mit einem redlichen Pitchberater an Bord.

Wieder ging es um eine neue Kampagnenidee.

Unser Kreativer und sein(e) Lieblingsmensch(in) stürzten sich auf das Projekt. Man musste ja kein Englisch sprechen und man kannte sich angeblich bestens mit dem Kunden und dem Geschäftsmodell aus. Da ich immer erst vertraue, ließ ich das mal laufen, allerdings mit einem unguten Gefühl, da das kongeniale Duo schon mehrere Pitches versiebt hatte.

Durch äußere Umstände, die ich nicht beeinflusst hatte, entschied sich das Headquarter, leider viel zu spät, unseren Wunderwutzi in die Wüste zu schicken.

Just zu diesem Zeitpunkt bekam ich seitens des Pitchberaters klare Signale, dass wir drauf und dran waren, nicht in die Finalrunde zu kommen, da sich unser Wunderwutzi, laut Aussage des Pitchberaters, in der ersten Pitchrunde danebenbenommen hatte. Wieder mal.

Ich konnte den Pitchberater beruhigen und kommunizierte klar, dass ich einspringen würde und ich ab jetzt das Projekt verantwortlich führen würde. Wir kamen somit als Dritte in die Finalrunde.

Das Re-Briefing war dann mein erster Aufschlag.

Ich merkte sofort, dass die CMO auf der Höhe der Zeit war, und ich versuchte, sie durch die richtigen Fragen und Beispiele aus meiner Zeit als CMO abzuholen, was mir während des Meetings zunehmend gelang.

Wieder verließen wir mit dem Kunden den bildlichen Aufzug, orientierten uns gemeinsam neu und definierten einen Scope, der breiter und etwas anders gefasst war als ein reines Kampagnenprojekt.

Wir starteten die finale Runde nicht in der Pole-Position, aber wir gewannen das Mandat dennoch.

Die Kundin versicherte mir hernach, dass der neu eingebrachte Beratungsansatz zum Sieg verholfen hatte, nicht die Kreation. Da sei wohl ein Konkurrent besser gewesen.

Strategie schafft eben Vorsprung, dachte ich mir und das zählt eben momentan.

Tut mir leid, liebe Kreative. Ihr seid dann für den Unterschied zuständig. Auch wichtig. Keine Frage.

Ich könnte noch einige andere tolle Kundenprojekte mit professionellen CMOs beschreiben, aber das spare ich mir für mein nächstes Buch auf.

Man beachte mein „Hardcore-Selling" an dieser Stelle!

16.   Wenn die Klugen gehen, bleiben die Dummen

Just wie ich hier an der Marina sitze und die letzten warmen Herbsttage genieße, lese ich die Meldung, dass sich eine weitere internationale Agentur ganz leise aus Österreich verabschiedet.

Diejenigen, die keine Ahnung haben, denken sich jetzt: „Ist doch super. Wieder ein Wettbewerber weniger und langsam sind wir dann wieder alle unter uns."

So denken aber nur die Dummen!

Denn diese Agenturen werden weiterhin österreichische Kunden ansprechen und um Geschäft pitchen, nur ohne Personal in Österreich, ohne Investitionen in Österreich und am allerschlimmsten ohne Know-how-Transfer nach Österreich.

Insgesamt eine ganz schlechte Nachricht für Unternehmen, für die Wirtschaft als Ganzes und vor allem für die Arbeitnehmer.

Aber mittlerweile haben es eben neben Amir Kassaei auch alle anderen im Ausland verstanden, dass vor allem der ostösterreichische Werbemarkt eine sehr „komplexe Seele" hat, um es mal politisch korrekt auszudrücken.

Ein Geschäftsführer einer Wiener Agentur machte einmal die Bemerkung zu mir: „Der Werbemarkt hier ist schon ein Arschlochmarkt."

Am liebsten hätte ich erwidert: „Der Markt per se nicht, aber vielleicht die verantwortlichen Manager." Ich ließ es aber gut sein.

Lieber Leser, lassen Sie es mich auf den Punkt bringen:

„Die Lage ist ernst bis aussichtslos."

Lassen Sie sich versichern, dass ich hier nicht auf einem persönlichen Feldzug gegen irgendjemanden bin. Nun gut, ein Psychologe würde mir wahrscheinlich bescheinigen, dass ich mir hier Ärger von der Seele schreibe und das kann durchaus auch möglich sein.

Primär treibt mich aber Folgendes an: Ich möchte lediglich ganz egoistisch für mich und meine Familie in einem Land leben, das auch in Zukunft gute Jobs mit guten Gehältern anbieten kann.

Und wenn unter anderem auch der Werbemarkt ein Spiegel für unsere Wettbewerbsfähigkeit ist, dann sehe ich schwarz.

Und dann muss man massiv gegensteuern und den Finger in die Wunde legen. Oder anders gesagt: Auf die Frösche sollte man nicht warten, bis sie vielleicht den Sumpf irgendwann mal trockenlegen.

Warum muss man denn egal ob in der Kunst, im Sport und in der Wirtschaft immer in das Ausland gehen, wenn man etwas Ordentliches lernen will und man eine überdurchschnittliche Karriere machen will?

Die Klugen gehen und der Rest richtet es sich schön gemütlich in der Heimat ein.

Das kann doch nicht sein!

17. Ist der Ruf erst einmal ruiniert, schreibt sich's gänzlich ungeniert

Ich blicke aber nicht nur mit großer Sorge auf den ostösterreichischen Werbemarkt.

Tirol und Vorarlberg nehme ich aus, da die beiden Bundesländer geographisch ohnehin schon immer durchlässiger für Innovationen sein mussten, auch wenn sie es offiziell niemals zugeben würden. Tirol und Teile Oberösterreichs werden dabei ganz stark von der Metropole München beeinflusst und Vorarlberg nutzt die Achse Stuttgart, Zürich und Mailand für sich.

Ich hatte ja die Gelegenheit, für einen Konzern in Vorarlberg zu arbeiten. Wenn man da durch die modernen Großraumbüros gelaufen ist, wusste man nicht, ob man jetzt in Vorarlberg, in der Schweiz oder in Deutschland ist, so viele Sprachen und Dialekte waren zu hören.

Ich blicke auch seit einem Jahrzehnt mit großer Sorge auf den österreichischen Medienmarkt.

Der Niedergang selbst einstiger Vorzeigemedien ist besorgniserregend. Die Medienvielfalt im qualitativen Journalismus hat abgenommen, die wenigen, die es noch gibt, haben so kleine Redaktionen und einen so geringen quantitativen Output, dass das Sonnenlicht durch eine Tagesausgabe scheinen kann, sofern man noch Papier liest.

Dafür hat die „Schundpresse" zugenommen. Die sogenannten Kostenlosmedien, die massenhaft in den öffentlichen Verkehrsmitteln oder sonst wo ausliegen und so tun, also ob das sorgfältig recherchierter Journalismus sei. Das tut schon weh zu sehen und trägt zur weiteren Verblödung weiter Teile der Bevölkerung bei.

Wohin das führt, kann man bei wöchentlichen Vorstellungsgesprächen mit so manchem jungen Menschen feststellen. Allgemeinbildung: Zero.

Medien, die Themen beschreiben und analysieren, gibt es kaum mehr, es wird ausschließlich Meinung gemacht.

Kein Wunder, dass der durchschnittlich gebildete Leser, der nicht hinter die Kulissen blicken kann, dem Braten nicht mehr traut und sich die Informationen selbst im Netz sucht und daher Verschwörungstheorien aller Art wie Pilze aus dem Boden sprießen.

Schon zu meiner Zeit als Kommunikationsberater, als ich in Österreich den Verkauf der BAWAG beraten habe, oder bei dem feindlichen Übernahmeversuch seitens der OMV AG die MOL Group beraten habe, fiel mir auf, wie schlecht der Ausbildungsstand selbst bei sogenannten Qualitätsmedien war. Man musste einfachste, wirtschaftliche Zusammenhänge erklären oder simple Prozessschritte durchkauen, die im Ausland jeder Juniorredakteur gewusst hätte. Man hatte schon Glück, wenn ein Journalist überhaupt qualifiziert nachfragte.

Die meisten haben oftmals irgendwas geschrieben. Wird schon stimmen, war da das Motto.

Als ich den Verkauf der BAWAG betreute, rief mich einmal ein Wirtschaftsredakteur einer österreichischen Wirtschaftszeitung an und fragte mich mit vollem Ernst, ob ich ihm das „Information Memorandum" zufaxen könne. Ich machte dem Journalisten klar, dass das so ziemlich das bestgeschützte Dokument während einer Transaktion ist, ausgestattet mit diversen Sicherheitsfeatures wie Wasserzeichen und anderen Dingen und ich erklärte ihm, dass das Memorandum über 1000 Seiten stark sei.

Daher könne ich das leider nicht zufaxen, merkte ich lakonisch an. Kleinlaut verabschiedete sich der bemühte Mann.

Da ich viele Jahre solche Deals im Ausland betreut hatte, fühlte ich mich in solchen Situationen schon für etwas dumm verkauft. Manchmal.

Spätestens zu meiner Zeit als Kommunikationschef der Hypo Alpe Adria Bank, ich war Teil des in den Medien benannten CSI Hypo Teams, wurde mir das niedrige Niveau mancher heimischen Medien bewusst.

Die Hypo war sicher der größte Skandal Europas, gemessen an der kriminellen Energie aller Beteiligten aus Politik und Wirtschaft. Ich musste jeden Tag dutzende Anfragen der Medien zu unterschiedlichsten Skandalen der Bank abarbeiten.

Mit den ausländischen Medien ging das effizient und verständig, mit den österreichischen Medien war es meist sehr mühsam, da viele Redakteure einfach der Aufgabe nicht gewachsen waren.

Wenn man jahrelang nur darüber berichtet, ob eine ZIB-Redakteurin eine neue Brille trägt und dann soll man über einen hochkomplexen wirtschaftlichen Zusammenhang berichten, dann kann das nicht gut gehen.

Es gab natürlich auch sehr verlässliche und professionelle Journalisten und Medien. Profil, Der Standard, Die Presse und News taten sich hier positiv hervor. Sie forderten mich täglich heraus, aber auf professionelle Weise. Das hat mir Spaß gemacht. Viele Jahre später stelle ich jetzt fest, dass auch diese Medien leider immer „dünner" werden.

Natürlich hatte ich auch Spaß mit den „unseriösen" Medien.

Ein regionaler Chefredakteur aus Südösterreich, der gerne schon morgens betrunken war, berichtete immer absichtlich falsch und drehte meine Aussagen im Mund herum, da er vermutlich entweder zu betrunken war, um es korrekt wiederzugeben, oder meist, weil er seine Ehefrau eventuell rächen wollte, die einen Job bei der Bank vormals innegehabt hatte.

Irgendwann habe ich den Spieß umgedreht und dem Herrn Chefredakteur immer das Gegenteil gesagt von dem, was ich anderen sagte, da ich wusste, dass er es ohnehin umdrehen würde.

Unfreiwillig berichtete er dann manchmal richtig, worauf er des Öfteren bei meinem Vorgesetzten, dem CEO der Bank, anrief, und sich über mich beschwerte.

Das war schon grotesk.

Mein Chef war manchmal ziemlich irritiert, denke ich, aber ich konnte ihm ja nicht sagen, dass ich diesem einen Mann in guter Absicht meist „falsche" Informationen gab.

Lustig war es auch, mit sogenannten österreichischen Beratern zu arbeiten, die vorher Journalisten waren. Ein Berater, mit dem ich zusammenarbeiten musste, Befehl von oben, hatte eine ganz intelligente Geschäftsstrategie.

Er besorgte sich aus einem Ministerium, nahestehenden Institutionen und Anwaltskanzleien, Informationen, die teilweise streng vertraulich waren.

Streng vertraulich heißt in Ost-Österreich: Mit Beziehungen bekommst du es aus erster Hand.

Dann steckte er die Informationen seinen Lieblingsmedien und daraufhin rief er mich an, den ehrlichen Samariter mimend: „Dominic ich habe gerade erfahren, dass das Medium xyz an einer heißen Story dran ist, die für euch sehr schlecht ist. Aber ich kümmere mich gerne darum und sende euch dann die Rechnung zu."

Tja so lief das. Er half aktiv mit das Medienfeuer weiter zu vergrößern und lies sich dann ganz frech für das Löschen desselben Feuers bezahlen. Er dachte, ich wüsste das nicht, oder es war ihm vielleicht auch egal. Dieses Spiel findet übrigens bis heute in Wien statt, betrieben von PR-Beratern die sich so ihr Geschäft finanzieren. Warum die Kunden immer wieder darauf hineinfallen ist mir ein Rätsel.

Ich konnte in diesem Fall leider nur das Spiel mitspielen, denn der Herr Berater war ja von ganz oben eingesetzt.

Leider musste ich mit mehreren solcher Berater arbeiten, die mit einem Haufen Blödsinn viel Geld verdienten und auch noch im Höhenrausch der Gefühle von sich selbst dachten, sie seien die Weltenerklärer.

Da ich dieses Spiel aber nicht in Gänze mitspielen wollte, kümmerte ich mich intensiv darum, dass vor allem die Newswires, die national und international relevante Reichweite haben und gut ausgebildete Journalisten beschäftigen, stets gut von uns unterrichtet waren und hier eine professionelle und damit richtige Informationslage vorlag. Dazu gehörten die APA, Bloomberg und Reuters.

Dies war entscheidend, da viele Bondholder der Bank, also Fremdkapitalgeber, aus dem Ausland kamen. Für das Überleben der Bank war Ruhe hier überlebenswichtig.

So hatten wir mit den relevanten vier österreichischen Medien und den internationalen Medien einen professionellen Umgang.

Der Rest der Printmedien war mir eigentlich mehr oder weniger egal. Insgeheim freute ich mich, wenn die unseriösen Medien sich darüber beschwerten, Informationen nicht aus erster Hand zu bekommen. Das war dann meine kleine Genugtuung.

Ich erzähle Ihnen davon, da aus meiner Sicht guter Journalismus extrem wichtig für eine Demokratie und einen Wirtschaftsstandort ist. Ich selber spende seit über 20 Jahren einen Teil meines Einkommens an eine Institution die Ausbildung in diese Richtung anbietet.

Kriminelle Vergehen werden durch guten Journalismus früher aufgedeckt und richten weniger volkswirtschaftlichen Schaden an, was wiederum gut ist für uns Arbeitnehmer ist. Das bedingt sich also im Positiven wie im Negativen.

Meine These ist daher, dass die vielen Skandale der letzten 15 Jahre in Österreich wie die Hypo Alpe Adria, die BAWAG, die BUWOG, Meinl Bank, Eurofighter und die zahlreichen Korruptionsskandale in Politik und Wirtschaft nicht das Ausmaß angenommen hätten, gäbe es in Österreich mehr exzellent ausgebildete Journalisten. Die guten sind entweder ins Ausland verschwunden oder in die Wirtschaft.

Die Dreistigkeit, mit welcher Vertreter aus Wirtschaft und Politik im ersten Bezirk im Restaurant sitzend sich auf die Schulter klopfend berichten, was sie schon wieder gedreht haben, ist für mich immer wieder aufs Neue frappierend.

Wir müssen also nicht herablassend auf den Balkan blicken. Umgekehrt ist es eher richtig.

Lassen Sie mich an dieser Stelle ein paar Worte auf die Branchenmedien verwenden.

Österreich ist ein kleiner Werbemarkt und wenn es hier Herausgeber gibt, die hier ihr Glück mit einem Branchenmedium suchen, dann ist das aller Ehren wert und verlangt Respekt.

Ich fände es allerdings nur fair und rechtens, wenn bei zwei von den drei relevanten Medien, die es heute gibt, ganz klar an die Leser kommuniziert wird, dass alles, was dort an Berichten und Interviews erscheint, gekauft ist.

Entweder direkt bezahlt oder über Anzeigen, die im selben Kalenderjahr oder im Folgenden erscheinen.

Natürlich ist man dann auch in den Rankings ganz weit vorne. Auch das sollte transparent kommuniziert werden. Das ist eben wie im amerikanischen Wahlkampf: „Ohne Moos nichts los". Wenn es jeder weiß, kann man damit jederzeit professionell umgehen.

Die Artikel und Interviews werden dann meist von Studenten oder frischen Absolventen geschrieben, so dass man dann immer noch selbst Hand anlegen muss, um Dinge so zu schreiben, dass es dann auch irgendwie Sinn macht.

Wie gesagt, weiß man ja, dass man Geld für Platz in einem Medium mit relevanter Reichweite zahlt.

Also alles kein Problem, aber bitte dann deutlich machen, dass das ein Kaufmodell ist und mit freier Berichterstattung nichts zu tun hat. Und bitte auch nicht denjenigen gegenüber, die sich den Platz gekauft haben, so tun, als ob da irgendein journalistischer Mehrwert produziert wird.

Und ja, ich habe bei dem Spiel auch mitgemacht, so eitel bin ich dann auch.

Schadet ja zumindest nicht und ich habe ehrlichen Respekt vor dem Einsatz dieser beharrlichen Herausgeber.

Ich denke, dass es nur so geht, denn eigentlich ist der Werbemarkt für drei Medien zu klein.

Deutlicher möchte ich aber bei dem österreichischen Ableger der „Horizont" werden. Ich selber lese die deutsche Ausgabe der Horizont seit über 15 Jahren wöchentlich und werfe hin und wieder einen Blick in die österreichische Ausgabe, die ja mittlerweile dermaßen dünn geworden ist, dass ich mich frage, wer dafür noch Geld zahlt.

Wenn man gemein wäre, könnte man sagen, dass es da mehr Chefredakteure als Seitenzahl gibt. Kritisch bin ich deshalb, weil die österreichische Ausgabe zur deutschen Ausgabe stark abfällt.

Über den Namen des deutschen Qualitätsmediums suggeriert man den österreichischen Kunden Qualität und Innovation. Also: Ich muss nichts anderes lesen, da ich ja nach der Lektüre Bescheid weiß.

Man bekommt aber bestenfalls Belangloses. Wenn bei uns in Österreich anscheinend schon nichts passiert, dann sollte man meiner Meinung nach über internationale Branchenentwicklungen berichten, denn außerhalb des Tellerrandes passiert in der Kommunikationsbranche mehr, als man manchmal verkraften kann.

Aber man ist seit Jahren in der Chefredaktion derart damit beschäftigt, sich von der deutschen Ausgabe abzugrenzen, dass man den Wald vor lauter Bäumen nicht mehr sieht und sehen will.

Ein kleines Beispiel gefällig zur journalistischen Qualität?

Bitte sehr: Wir hatten mit einem unserer Kunden und dem ÖFB eine wunderbare Kampagne gestartet, bei dem es um das Thema Hodenkrebs ging. Mit dieser Kampagne konnten wir auch tatsächlich ganz konkret das Leben eines Mannes retten, der sich auf Grund unserer Kampagne untersuchen ließ, wodurch seine Erkrankung rechtzeitig erkannt wurde. Voller Dank schrieb er uns eine liebevolle Nachricht, die uns alle sehr berührte.

Die Kampagne hieß „#Checkthesack". Wir verfassten dazu eine Pressemeldung und alle relevanten Medien sprangen auf das Thema an. Nur die „Horizont" hat es nicht hinbekommen und machte daraus: #Hackthesack.

Wie unprofessionell kann man sein?

Bis heute habe ich keine Antwort auf meine freundliche Bitte um Richtigstellung bekommen. Ein kleines, aber konkretes Beispiel.

Lieber Leser, ich hätte hier sehr gerne liebevoll über die bemühten Versuche berichtet, ein Branchenmedium in Österreich am Leben zu erhalten.

Aber von einer „Horizont" erwarte ich mehr und dann muss diese konstruktive Kritik erlaubt sein. Und wenn es nicht besser geht, dann stellt man einfach den Betrieb ein.

Warum Geld ausgeben für eine schlechte Kopie?

18. Wer zu spät kommt, den bestraft nicht der Petzibär, sondern ein Drache.

Es muss sich in der österreichischen Werbeszene etwas verändern!

Veränderung bedeutet aber nicht, dass es Verlierer geben muss. Es gibt Gewinner und es gibt die, die dazulernen werden und müssen.

Hinter vorgehaltener Hand würde keiner der Aktiven in der österreichischen, vor allem der Wiener Werbeszene, bestreiten, dass wir hier bestenfalls zweitklassig sind.

Natürlich gibt es einige hochinnovative, kleine Schnellboote, die sich vor internationaler Konkurrenz nicht fürchten müssen. Diese kleinen Schnellboote sind nur meist nicht in der Lage, komplexe Projekte für mittelgroße bis große Unternehmen abzuwickeln. Auf diese kleinen Boote müssen wir aber stolz sein und diese fördern.

Ich habe auch den Eindruck, dass diese neuen Agenturen auf die alte Riege und Traditionen pfeifen. Der Druck zur Größe verleitet aber doch leider allzu oft dazu, sich den Platzhirschen anzubiedern und damit den Niedergang einzuläuten.

Man könnte jetzt sagen, dass wir ja noch nie erstklassig waren und in unserer Nische ganz gut überleben. Leider hat sich aber die Welt verändert und diese Nische gibt es nicht mehr.

Die Welt hat sich tatsächlich in mehrfacher Hinsicht verändert:

Erstens kommt die Konkurrenz nicht mehr nur aus dem „bösen" Deutschland, sondern mittlerweile ganz massiv aus Osteuropa mit hervorragender Qualität und unschlagbaren Preisen.

Zweitens ziehen immer mehr international ausgebildete Manager in die Topetagen österreichischer Unternehmen ein, und die erwarten ein ganz anderes Niveau im Marketing.

Drittens werden Agenturen immer mehr über standardisierte Verfahren ausgewählt und die „Freunderlwirtschaft" nimmt langsam ab.

Viertens erleben wir im Marketing einen technischen Umbruch, der wie ein Tsunami über uns hinwegfegt und darauf kann man nicht mehr reagieren, indem man seine Website mal updated und darunter Digitalisierung versteht.

Dieser technische Umbruch ist übrigens westlich und noch viel mehr östlich von Österreich längst im vollen Gange. Ich weiß, wovon ich spreche, da ich sowohl im Westen wie im Osten beruflich tätig war.

Und ich spreche hier jetzt nur von unserer unmittelbaren Nachbarschaft, die uns bereits Jahre voraus ist.

Ich hatte beruflich viele Male die Chance, in weiter entfernten Ländern zu sehen, auf welchem Niveau und mit welcher Geschwindigkeit zum Beispiel in China gearbeitet wird.

Die Hochleistungszentren der Bildung und Wirtschaft zeichnet dort eine extrem hohe Adaptabilität aus. Das heißt, die Komplexität der heutigen Herausforderungen wird dort mit hoher Effizienz in neues Denken und praktische Lösungen umgesetzt.

Eine extrem hohe Wissbegierigkeit nach Neuem, bei uns in Österreich wird man vermutlich als deppert erklärt, ist dort kennzeichnend.

Neues wird analysiert, optimiert, weitergedacht und bis hin zu komplett neuen Kategorien weiterentwickelt.

Ich konnte so zum Beispiel aus nächster Nähe mitverfolgen, wie innerhalb weniger Jahre eine neue Mobilitätsmarke namens „NIO" gegründet wurde und innerhalb kürzester Zeit ein vollelektrisches, serienreifes SUV zur Autoshow in Shanghai vorgestellt werden konnte.

Ich durfte die heiligen Entwicklungshallen besuchen und wurde Zeuge, wie an einer völlig neuen Kategorie der Mobilität, des Vertriebs und vor allem der Vermarktung gearbeitet wurde.

Sollte die Marke eines Tages in Europa an den Markt gehen, gehöre ich zu den ersten Kunden.

Ich muss aber gestehen, dass ich jedes Mal, wenn ich in das Flugzeug nach „good old Europe" gestiegen bin, von einem Gefühl überwältigt wurde, das ich extrem selten habe: Angst.

Während ich hier in Österreich mit Mitarbeitern diskutieren muss, ob sie 38,5 oder 40 Stunden arbeiten, und eine Weiterbildungsreise zum Beispiel nur in das benachbarte Deutschland von den meisten als Strafaktion empfunden wird, werden in China und anderswo neue Standards gesetzt und ganze Ökonomien neu gebaut.

Bildungsreisen in das Ausland sind dort eine Ehre!

Jedes Mal, wenn ich also über die neue Seidenstraße zurück nach Hause flog, dachte ich mir: „Wenn das alles zu uns kommt, sind wir bald ökonomisch tot."

Wenn ich dann in mein Heimatland zurückkomme und von einer Veranstaltung lese: „Marketing: Von den Besten lernen" und dann sind dort als Top-Referenten die Marketingleiter der

Marken „Ja ! Natürlich" und „Der Standard" eingeladen, dann fühle ich mich ehrlich gesagt wie im falschen Film.

Verzeihen Sie den Sarkasmus an dieser Stelle, denn „Natürlich" bekommen diese Marken ein „Ja" von mir für konstant gute Kommunikationsarbeit, aber unter „Besten" müssen wir die Messlatte schon deutlich höher legen.

Es hilft ja nicht, wenn wir es uns gemütlich in der Regionalliga einrichten.

Ein weiteres Beispiel dafür, wie stark unsere Wirtschaft unter Druck gerät, kommt aus meiner Zeit als CMO bei der Zumtobel Gruppe. Zumtobel gehörte für Jahrzehnte zu den führenden Leuchtenherstellern der Welt.

Mit dem Fortschreiten der technologischen Entwicklung kam jedoch der Siegeszug der LED-Technologie. Dies hatte zur Folge, dass sich die alten Platzhirsche der Industrie plötzlich mit extrem aggressivem Wettbewerb aus Asien, insbesondere aus China, konfrontiert sahen. Neue Wettbewerber schossen wie Pilze aus dem Boden mit höchster Produktqualität, gutem Design zu niedrigsten Preisen, extrem schnellen Innovationszyklen und einer radikal schnellen Logistik. Dies Alles traf plötzlich auf behäbige „good old Europe"-Unternehmen.

Die Folge: Zwei von drei großen Herstellern in Europa haben dieses Geschäftsfeld bereits verkauft, verbunden mit massivem Mitarbeiterabbau und Zumtobel sucht sein Heil in der Flucht nach Vorne und versucht, in der „Digitalisierung des Lichts" Schritt halten zu können.

Die Folge daraus: Ein radikaler Umbau des operativen Geschäfts und der internen Strukturen und Arbeitsweisen wurde notwendig. Auch der Umbau der Kommunikations- und Marketingabteilung. Viele Arbeitsprofile mussten verändert werden, manche verschwanden ganz und andere kamen neu hinzu. Die alten Rezepte mussten in einem schmerzhaften Prozess über Bord geworfen werden.

Hoffentlich nicht zu spät für diesen österreichischen Vorzeigekonzern.

Aber wir müssen gar nicht so weit in der Weltgeschichte herumfliegen, um echten Wettbewerb zu betrachten.

Das Drohpotential ist viel näher.

Als wir mit unserer Agentur und einer lokalen Agentur fusionierten, meinte ein Geschäftsführer der hiesigen Agentur, dass dies ein Schritt der „Verbrüderung" sei, um die deutsche Konkurrenz aus dem Land herauszuhalten. Das war das gute alte Motto: „Wenn du deinen Feind nicht besiegen kannst, umarme ihn."

Den Satz hätte ich vor 15 Jahren mit Mühe noch irgendwie nachvollziehen können. Vielleicht aber auch nicht.

Aber ich sehe gerade in Osteuropa das konkretere Risiko, sollten hiesige Manager erst einmal feststellen, was sich da für ein genialer Wettbewerb auftut.

Lassen Sie mich diese Behauptung an zwei, drei Beispielen darstellen.

Ich hatte zum Beispiel meine produktivste, effizienteste und innovativste Zeit als CMO der MOL Group in Budapest. Die MOL Group ist mit rund 20 Milliarden Euro Umsatz ein Fortune-500-Unternehmen und eines der größten Unternehmen Osteuropas.

Der Vorstand erkannte vor ein paar Jahren, dass sich das Unternehmen deutlich weiterentwickeln muss, ja sich ein Stück weit neu erfinden musste. Zu diesem Zweck wurden aus dem Ausland in strategisch wichtige Positionen neue Manager geholt. Ich wurde zum Beispiel für die Bereiche Kommunikation und Marketing geholt.

Der Vorstand gab die grobe Marschrichtung vor und wir konnten ohne große Bürokratie mit neuen Ideen und Innovationen nur so sprühen und vieles davon ausprobieren.

Innerhalb weniger Jahre hatte sich die MOL Group so um 180 Grad gedreht. Im Marketing durfte ich mit Agenturen aus dem Inland und Ausland ungehindert arbeiten und mein Team sprang gemeinsam mit mir von einer neuen Herausforderung zur nächsten.

Da war keiner dabei, der sich überfordert fühlte, weil wir Neues ausprobierten. Burn-out gab es da nicht. Maximal einmal im Jahr am Hungaroring.

Themen wie Freizeitausgleich, 38,5 Stunden Wochenarbeitszeit oder Xenophobie gab es nicht. Junge, extrem gut ausgebildete, mehrsprachige und ehrgeizige Mitarbeiter umgaben mich und führten unsere Projekte zum Erfolg.

Mehr und mehr arbeitete ich vor Ort mit hochinnovativen lokalen Agenturen zusammen. Lediglich eine Agentur aus London für das „Big Picture" war letztlich notwendig. Ich dachte mir dabei immer, dass diese Agenturen irgendwann den „Wiener Agenturen" ordentlich einheizen würden.

Bisher ist das nur noch nicht in Gänze durchgeschlagen, da unsere lokalen CMOs, wie oben genannt, auf Grund der eigenen mangelnden Ausbildung und vor allem der mangelnden

Fremdsprachenkenntnisse Angst vor allem Neuen haben. Lange geht das aber nicht mehr gut.

Ein zweites Beispiel gefällig? Bitte sehr.

Eine Agenturgruppe, für die ich arbeitete, hatte bereits vor vielen Jahren damit begonnen, ein Technologie-Hub in Osteuropa mit großem Erfolg aufzubauen.

Warum? Weil es dort extrem gut ausgebildete Programmierer gibt, die gerne länger als 38 Stunden arbeiten und die Lohnkosten dort zwar nicht mehr billig, aber immer noch deutlich unter den unseren liegen.

Als nächster Schritt wurden die internationalen Geschäftsführer gebeten, mit einer Tochteragentur in Polen zusammenzuarbeiten, wenn es um HTML5-Programmierungen ging, sowie alles, was im sogenannten „Bewegtbildbereich" für Kunden zu produzieren gewesen wäre.

Grund hierfür: extrem hoher Ausbildungsgrad, 24/7-Erreichbarkeit und ein für westliche Verhältnisse recht günstiger Stundensatz. Grundsätzlich begrüßte ich das Projekt, sagte aber dennoch ab, da ich schon längst mit einer Agentur aus Ungarn zusammenarbeitete, mit gleicher Qualität und noch niedrigeren Kosten als in Polen. Da war ich unserer Gruppe einfach schon voraus.

Aber es gibt natürlich das eine ganz große Argument, warum wir auch weiterhin alles so weitermachen wie bisher:

19. Bei uns in Österreich ist alles anders. Deshalb müssen wir alles selber machen.

Ja, diesen Satz liebe ich ganz besonders. Hätte auch gute Chancen beim Bullshit-Bingo.

Dazu eine Anekdote aus meiner Zeit bei der Hypo Alpe Adria. Ich hatte das große Glück, viele Jahre für einen Europaabgeordneten in meiner Freizeit hin und wieder zu arbeiten und während meines Studiums im Europaparlament ein Praktikum zu absolvieren. Von daher kenne ich mich in Brüssel und den politischen Organisationen recht gut aus und verfüge bis heute über ein sehr gutes Netzwerk.

Als ich bei der Hypo Alpe Adria zu arbeiten anfing, lernte ich recht schnell eine sehr selbstbewusste Kollegin kennen, eine ehemalige Journalistin, die sich um die politischen Themen kümmern sollte.

Aus ihrer Zeit als Referentin in irgendeinem Ministerbüro hatte sie direkte Kontakte in die Wiener Politik. Gut so.

Da mir aber auffiel, dass sie immer nur in Wien und Klagenfurt war, nie aber im Ausland, vor allem nicht in Brüssel, wir hatten ja ein Verfahren in Brüssel zu bestehen, fragte ich sie, wer sich denn um den so wichtigen Teil mit Brüssel kümmern würde.

Ihre Antwort war, dass sie selber das machen würde. Ich fragte interessiert nach, welche Erfahrung sie denn in Brüssel habe, wen sie dort kenne, wann sie wieder dort sei etc.

Mit ungeheurem Selbstbewusstsein antwortete sie mir: „Ich bin noch nie in Brüssel gewesen. Das machen wir alles aus Wien heraus." Ah ja. Genau.

Hat dann ja alles auch super funktioniert mit Brüssel. Nicht.

114

Interessanterweise haben mich österreichische Repräsentanten in Brüssel des Öfteren bei einem netten Feierabendbier wissen lassen, dass sie eigentlich ganz froh seien, wenn niemand aus Wien komme. Die seien dann nämlich immer so peinlich.

Diese „Wiener" Einstellung habe ich dann potenziert in der Agentur feststellen dürfen. Als ich dort anfing, war die Agentur weitgehend isoliert vom Headquarter und alle Geschäftsführer, auch die der anderen Agenturen, ließen keine Gelegenheit aus, über die „depperten Kollegen" aus dem Ausland herzuziehen.

Die machen alle nur Mist, haben keine Ahnung, am besten alles selber in Wien machen, weil bei uns in Österreich alles anders ist.

Ich frage mich bis heute, warum die Kollegen für dieses großartige internationale Unternehmen arbeiten, das ihnen eine berufliche Heimat und damit verbunden die großartige Chance gegeben hatte, beruflich Fuß zu fassen und erfolgreich zu sein.

Und natürlich ist diese Einstellung, dass Österreich so anders sei als der Rest der Welt und ganz besonders als Deutschland, ein völliger Unsinn.

Natürlich gibt es regionale Unterschiede. Keine Frage. Die gibt es doch überall!

Aber die Einstellung, dass alles anders sei und man deshalb alles selber und anders machen müsse, ist absurd, ja sogar dumm und schädlich für unsere Volkswirtschaft.

Bitte verstehen Sie mich nicht falsch. Gerade in der Werbung alles über einen Kamm zu bürsten, halte ich für wenig zielführend.

Aber man muss nicht alles komplett neu erfinden, um dann letztendlich für viel Geld eine schlechtere Kopie zu kreieren.

Ein einfaches Beispiel: Ich weiß aus eigener praktischer Erfahrung, dass der kulturelle Unterschied zwischen München und Hamburg deutlicher ist als der kulturelle Unterschied zwischen München und Wien. Ganz zu schweigen von der Distanz. München liegt doch wesentlich näher an Wien als an Hamburg. Es liegt ja noch nicht mal ein Gebirgszug dazwischen. Was ich damit polarisierend sagen will ist, dass wir uns geographisch in einer „Liliputdiskussion" befinden. Und diese Diskussion und Denkweise ruiniert uns mittelfristig.

Nochmals, um es klarzustellen: Die regionalen Feinheiten sollen und müssen berücksichtigt werden. Aber ich werde den Eindruck nicht los, dass der sogenannte kulturelle Unterschied größer gezeichnet wird, als er ist, um Wettbewerbsdruck und Veränderungsdruck schlichtweg zu negieren.

Das ist die Vogel-Strauß-Politik.

Ich habe zum Beispiel immer darauf bestanden, bei allen Kunden, ob klein oder groß, sowohl in der strategischen wie in der kreativen Arbeit auch Kollegen aus anderen internationalen Offices mit hinzuzuziehen. Immer war der Input Gold wert.

Wenn ich in der Regionalliga spiele, kann Input aus der Championsleague ja nicht schaden.

Sie können sich aber nicht vorstellen, wie viel Kraft mich das intern immer gekostet hat. „Die verstehen uns nicht" oder „bei uns ist das doch alles anders" waren die Standardreflexe. Immer waren die Kollegen aber hinterher froh, dass wir die Kraft der Gruppe genutzt hatten.

Mein Standardsatz an unseren Nachwuchsstrategen war stets: „Ich will dich den halben Tag am Telefon sehen und mit unseren internationalen Kollegen telefonieren hören, denn du bist unsere Know-how-Pumpe nach Wien."

Das ist zwar mühsam, aber erfolgreich.

Es macht mir große Sorgen zu sehen, dass selbst junge Menschen bei uns xenophob sind und den Mallorca-Urlaub als ausreichende Auslandserfahrung werten.

Damit wir uns klar verstehen: Ich würdige die regionalen Unterschiede und ich bin kein Vertreter des Multikulti-Irrsinns. Dafür habe ich zu viel im Ausland gelebt und gesehen, wie es nicht funktioniert.

Aber vor allem aus nationalem und auch aus europäischem Interesse heraus müssen wir uns im Ausland permanent nach den besten Ideen und Köpfen umsehen und diese neuen Einflüsse dann aber auch zulassen!

Wir sollten uns dabei weniger auf das Trennende fokussieren, sondern vielmehr auf das Gemeinsame. Ansonsten werden wir in Europa und insbesondere in Österreich ganz schnell zu einem großen Museum für Gäste aus den vielen aufstrebenden Regionen dieser Welt. Wenn wir es nicht schon sind.

Denn diese Regionen sind gerade dabei neue Standards zu setzen, nach denen wir künftig arbeiten und leben müssen, wenn wir uns in Europa nicht enger abstimmen und besser zusammenarbeiten als bisher.

Wollen wir alle künftig im Tourismus arbeiten? Nein!

Aber gerade in der Werbebranche besteht dann natürlich die Gefahr, dass jemand Externes kommt und die Frösche als Frösche bezeichnet und den Sumpf als Sumpf.

Die meisten, die diese Zeilen lesen, denken sich jetzt vielleicht: Aber so schlecht läuft es doch gar nicht bei uns. Es geht uns doch gut. Machen wir doch einfach weiter so.

Darauf möchte ich im nächsten Kapitel eingehen.

20. Marketing ist ein Sammelbecken für die Übriggebliebenen. Nicht! – Worauf warten wir noch?

Der wirtschaftliche Erfolg Österreichs beruht auf zwei wesentlichen Säulen. Zum einen auf den wenigen großen international erfolgreichen Konzernen, die man im österreichischen Aktienindex ATX auf den ersten Plätzen findet und zum anderen auf den vielen eigentümergeführten mittelständischen Unternehmen, die meist in der hochspezialisierten Zulieferindustrie zu finden sind. Neudeutsch auch Hidden Champions genannt.

Während die großen Konzerne stagnieren, aufgekauft werden oder sich über Wachstum langsam, aber sicher in das Ausland verabschieden (Stichwort: komparative Kostenvorteile; oder einfach gesagt: „Für Österreich zu groß, für die Welt zu klein"), verschwanden fast alle in Wien ansässigen, regionalen Headquarters internationaler Konzerne entweder Richtung Osten oder wurden schlichtweg aufgelöst.

Dieser Kuchen wird also seit Jahren signifikant kleiner.

Die kleine historische Chance, Österreich als wichtigen Meilenstein Richtung Osten aufzubauen, wurde grandios in den Sand gesetzt.

Als ich vor vielen Jahren meine ersten beruflichen Schritte in Österreich unternahm, kam ich mit signifikanter Erfahrung zu europäischen Finanzstandorten, vor allem Frankfurt, Paris und London, nach Wien.

Ich lernte während einer Abendveranstaltung einen Vorstand der Wiener Börse kennen und fragte ihn, was wir in Wien so unternehmen, damit Investoren nach Wien blicken und auch kommen. Seine Antwort war entspannt überheblich: „Da müssen wir nicht viel machen. Wir sind das Tor nach Osten. Die Investoren müssen eh zu uns kommen."

Da ich wusste, wie hart an den internationalen Kapitalmärkten um Investoren gerungen wird und wie hoch die Marketing-Spendings und -Aktivitäten waren und sind, war mir klar, dass die Wiener Börse hier auf dem Holzweg war.

Leider behielt ich recht.

Die Wiener Börse ist mittlerweile zu einer kleinen, größtenteils illiquiden Regionalbörse verkommen und wird sich nicht wieder aus dieser Nische befreien können.

Zurück zu unseren Unternehmen.

Zum Glück gibt es ja noch den berühmten Mittelstand und die vielen österreichischen Familienunternehmen.

Diese Unternehmen sind durch viel Fleiß, unternehmerisches Geschick und ein untrügliches Bauchgefühl für richtige Entscheidungen erfolgreich geworden. Das funktioniert dann meistens eine Generation ganz gut, vielleicht auch zwei und dann wird es meist schon schwierig. Oft wollen und meist können die nachfolgenden Generationen das Unternehmen nicht erfolgreich weiterführen. Dieser Sachverhalt ist ja unter der berühmten Nachfolgeproblematik schon oft beschrieben worden.

Das Bauchgefühl geht mit der alten Generation verloren und damit auch die richtigen Vertriebs- und Marketingentscheidungen.

Da wird dann wieder und wieder derselbe Knopf gedrückt, leider bewegt sich aber nichts mehr.

Nur wenigen familiengeführten Unternehmen gelingt es, das passende externe Personal zu finden und dann deren Input tatsächlich auch zu akzeptieren. Eine schlecht oder unterqualifiziert besetzte Stelle im Marketing und in der Kommunikation sind oft die Regel.

Früher hatte ja das Bauchgefühl geholfen und der Marketingleiter war der brave Erfüllungsgehilfe. Natürlich gibt es auch hier die berühmten Ausnahmen, die die Regel bestätigen.

Jetzt kommt aber der massive technische Wandel noch hinzu und die Tatsache, dass Marketingaktivtäten am Erfolg gemessen werden können und müssen.

Bauchgefühl ist immer noch wichtig, aber fundiertes Know-how, wie die modernen Marktplattformen funktionieren und wie der zunehmend unbeständig werdende Konsument erfolgreich erreicht und vor allem gehalten werden kann, übernimmt die Oberhand und wird weiter rasant an Bedeutung zunehmen.

Mit dieser Herausforderung sind dann alle Beteiligten erst mal völlig überfordert.

Ich könnte Ihnen aus dem Stand ein dutzend mittelständische Unternehmen aufzählen, in denen die Marketing- und Kommunikationsabteilung von unzureichend qualifizierten „Abarbeitern" geführt werden, die schon seit Jahrzehnten auf der Stelle sitzen und jetzt hoffen, es irgendwie noch in den Ruhestand zu schaffen.

Ich kann nicht mehr aufzählen, wie oft ich von Führungskräften in Österreich gehört habe, dass der oder die Marketingleiter(in) eigentlich nicht die Qualifikation hätte, die notwendig wäre, aber es würde eben gemacht was die Führungsetage will und das sei völlig ausreichend. Interessanterweise performen diese Unternehmen meist unterdurchschnittlich gegenüber dem Wettbewerb.

Ein kurzer Selbsttest, lieber Leser: Erklären Sie sich selbst in zwei Sätzen ad hoc, was ein „Net Promoter Score" ist.

Sie wissen es: Gratulation.

Sie wissen es nicht: Gratulation. Sie haben eben erkannt, dass Sie sich einen neuen Job suchen sollten, oder die Verantwortung für Marketing anderen überlassen sollten. Weiterbildung kommt da jetzt ehrlich gesagt zu spät.

Lassen Sie es mich überspitzt formulieren:

In Österreich scheint der übliche Weg ins Marketing zu sein, dass man entweder

- zu schlecht für den Vertrieb oder das Produktmanagement war,

- die Position als Gnadenbrot für andere Verdienste bekommen hat,

- zur Familie gehört und die wusste nicht, was sonst mit einem anfangen,

- ehemaliger Journalist oder ehemaliger Mitarbeiter in einem Ministerium war,

- aus dem Mutterschutz/Elternzeit zurückgekommen ist und die alte Stelle nicht mehr frei war oder

- einfach nur ein angenehmer Mitarbeiter ist, der immer brav abarbeitet und den Vorstand und die Geschäftsführung möglichst in Ruhe lässt.

Wenn man jetzt bedenkt, dass sich Marketing und Kommunikation im letzten Jahrzehnt von einer Randdisziplin zu einer Kerndisziplin für den Unternehmenserfolg entwickelt hat und im Ausland seit Jahrzehnten entsprechend hochwertig ausgebildet und eingestellt wird, dann gilt es in Österreich rasch und massiv nachzusteuern.

Die Kampagne muss daher lauten:

Raus mit der Mittelmäßigkeit aus den Marketing- und Kommunikationsabteilungen!

Die Corona-Pandemie hat uns allen durch den dadurch nochmal gestärkten „Digitalisierungspush" deutlich vor Augen geführt, wie transparent digitale Werkzeuge den wahren Leistungsstand machen und Entfernung überhaupt keine Rolle mehr spielt.

Der Wettbewerb steht nicht vor, sondern in der Tür und damit auch der Druck zur digitalen Weiterentwicklung des Unternehmens und zur Weiterentwicklung der Skills Ihrer Mitarbeiter.

Nein, ein Update Ihrer Website ist keine Digitalisierungsstrategie! Übrigens, einfach einen jungen Menschen einstellen, erhöht nicht ihre Digitalkompetenz im Unternehmen. Was sich mittlerweile an sogenannten Digitalexperten im Markt tummelt ist schon frappierend.

Worauf warten Sie also noch?

Die Ausbildungseinrichtungen, Verbände, Agenturen und andere Stakeholder werden nur das Angebot und Verhalten ändern, wenn sich der Nachfragedruck ändert.

Der Nachfragedruck muss sich daher zu Beginn bei den Unternehmen massiv ändern, und zwar im Qualitätsanspruch.

Fragen Sie sich als Führungskraft Folgendes:

-   Sind Marketing und Kommunikation bei Ihnen Chefsache? Gibt es in der Geschäftsführung oder im Vorstand explizites und erlerntes Know-how zu diesen Disziplinen? (Abends TV-Werbung ansehen ist keine Qualifikation)

-   Gibt es im Aufsichtsrat einen ehemaligen CMO? Warum nicht? Nein, Vertrieb ist nicht Marketing!

-   Haben Sie tatsächlich die besten am Markt erhältlichen Mitarbeiter im Marketing und in der Kommunikation?

-   Verfügen Ihre Mitarbeiter in Marketing und Kommunikation über Ausbildung von renommierten Schulen und Universitäten? (Nein, die Werbeakademie ist keine renommierte Einrichtung!)

-   Waren das gezielte und professionelle Anwerbungen in diesem Bereich oder nur Verlegenheitsbesetzungen?

- Wie viel „Übriggebliebene" arbeiten in diesem Bereich? Warum eigentlich?

- Wie viele Mitarbeiter wurden über sogenannte Freunde empfohlen? „Ich kenne jemanden, der kennt jemanden, der gut reinpassen würde."

- Arbeiten auch ausländische Mitarbeiter in dieser Abteilung oder nur Lokalkolorit?

- Waren Ihre Mitarbeiter beruflich über einen relevanten Zeitraum im Ausland und haben dort berufliche Erfahrung gesammelt?

- Werden Sie von dieser Abteilung regelmäßig herausgefordert? Oder sind alle im Team brave Handlanger? Ja, Marketing und Kommunikation dürfen und müssen auch mal unangenehm sein!

- Hat Marketing einen aktiven Einfluss auf die Unternehmensstrategie oder fordert diesen auch ein?

- Geben Sie der Abteilung die Chance, Zeit und Budget für Projekte außerhalb des Tagesgeschäftes zu verwenden? Scheitern ist erlaubt, aber nur dort!

- Wann hat Ihnen die Abteilung zum letzten Mal die letzten Trends und technischen Veränderungen präsentiert?

- Gab es Vorschläge des Teams, welche technologischen Wellen da draußen existieren und welche Welle die richtige für Sie wäre?

- Begegnen sich Marketing, Vertrieb, Human Resources und die IT auf Augenhöhe? Wie oft begegnen sie sich?

Gibt es gemeinsame Initiativen? Employer Branding, Vertriebsoffensiven, Digitalisierungsprojekte usw.

- Trauen Sie Ihren Mitarbeitern in Marketing und Kommunikation es zu, die Digitalisierung voranzutreiben? Sitzen dort die richtigen Skills und vor allem das richtige Mindset?

- Rechnen Sie nicht damit, dass Sie in diesem Bereich über Digitalisierung Mitarbeiter abbauen können. Sie brauchen nicht weniger Mitarbeiter, sondern Mitarbeiter mit anderen Skills und anderer Ausbildung. Menschen unter 25 Jahre sind nicht automatisch Digitalexperten. Eher im Gegenteil.

- Arbeiten Sie ausschließlich mit lokalen Agenturen zusammen oder holen Sie sich regelmäßig auch mal internationale Experten an Bord?

- Haben Sie Ihre Abteilung schon mal Englisch sprechen gehört? Wer kann wenigstens eine Fremdsprache „business fluent" in diesem Team? Überhaupt jemand?

- Wie oft gehen Ihre Mitarbeiter für Weiterbildung in das Ausland? Oder überhaupt auf Weiterbildung?

- Wie hoch ist die Mitarbeiterfluktuation im Team? Um die 20 % dürfen es schon sein. Ist die Fluktuation höher? Warum?

- Kennen Sie eigentlich die Agenturen, die für Sie arbeiten? Sprechen Sie mit diesen direkt und holen deren Rat und Feedback ein?

- Wissen Sie, warum es diese Agenturen sind und was sie auszeichnet?

- Wechseln Sie die Agenturen nicht unnötig oft aus, aber nach 3-4 Jahren kann man schon mal wieder in der Sache umfangreich pitchen lassen.

- Fordern die Agenturen Sie inhaltlich heraus?

- Führen Sie faire und bezahlte Pitches durch. Laden Sie nicht mehr als fünf Agenturen ein und unbedingt eine aus dem Ausland. Schauen Sie immer über Ihren Vorgarten hinaus!

- Nehmen Sie nicht die billigste, sondern die beste Beratung/Agentur. Die mit dem besten Kundenverständnis. Denken Sie daran: „If you pay peanuts, you are playing with the monkeys." Wollen Sie wirklich mit den Äffchen arbeiten?

- Agenturen, die Ihnen eine „geile G'schicht" verkaufen wollen, schmeißen Sie einfach raus!

Zusammengefasst möchte ich Ihnen zurufen: Legen Sie Wert auf Weiterbildung, Veränderungsmotivation und motivieren Sie ihre Mitarbeiter dazu, neugierig zu sein.

Oftmals bieten gute, internationale Agenturen gerne auch mal Innovationstage für Kunden zu Selbstkosten an. So können Sie sich weiterbilden und die Agentur kann ihr gesamtes Arsenal an Skills präsentieren. Für beide Seiten ein Gewinn.

Wenn Ihre Mitarbeiter dann gut ausgebildet weiterziehen, ist das schade, aber die ehemaligen Mitarbeiter werden immer gut über Sie sprechen.

Und stellen Sie sich vor, Sie bilden Ihre Mitarbeiter nicht weiter und die bleiben dann alle bei Ihnen im Unternehmen! Das wollen Sie nicht wirklich.

Was kann man also tun, wenn man als Top-Entscheider „noch heute" den Sprung nach vorne wagen muss, die interne Organisation dazu aber nicht in der Lage ist?

Zuerst einmal müssen Sie sich eingestehen, dass Sie sich die oben skizzierten Fragen zu spät gestellt haben und jetzt rasch Änderungen vornehmen müssen. Dafür müssen Sie leider auch unangenehme Entscheidungen treffen. Aber dafür werden Sie ja auch bezahlt!

Zweitens empfehle ich das, was ich selbst als Marketingleiter getan habe:

Für komplexe Projekte, die extrem gute Beratungsleistung, technologisches Verständnis und gute Kreation benötigen, habe ich immer sehr erfolgreich mit der Agentur Serviceplan in München zusammengearbeitet. Die Kompetenz, die in München vorgehalten wird, ist in Kontinentaleuropa einzigartig.

Für komplexe Projekte, bei denen es weniger um Beratung und Technologie, sondern vielmehr um exzellente Kreation geht, können Sie sich getrost an Jung von Matt in Wien wenden, die seit Jahren in Österreich mit herausragender Kreation überzeugt.

Und natürlich können Sie sich gerne jederzeit an mich und mein Netzwerk wenden, das ich mir in über 20 Jahren aus den besten Köpfen in Ost und West aufgebaut habe.

Jetzt werden Sie sich wundern, warum ich nicht mit Verbesserungsvorschlägen auf Agentur-, Medien- und Verbandsseite um die Ecke komme.

Nun, ich denke, dass dieser Markt in Österreich keine Selbstheilungskräfte besitzt. Da fehlt es an visionärer Kraft und vor allem an ehrlicher Selbsteinschätzung. Es läuft ja gerade noch so.

Man blickt doch lieber mit unnötigen Minderwertigkeitskomplexen nach Deutschland und voller falscher Herablassung nach Osten.

Manchmal habe ich den Eindruck, dass die meisten, die es vom Hinterland nach Wien geschafft haben, glauben, dass sie in der großen Welt angekommen sind.

Ich weiß nicht mehr, wie oft mir diese zugereisten „Wiener" in falscher Selbstüberschätzung in den letzten Jahren angeboten haben, mich in ihre „große Wiener Welt" einzuführen.

Wien ist wunderschön und sehr lebenswert, aber weder „Welt" noch „groß".

Und dieser selbstgefällige Blick auf West und Ost ist auch die Ursache für die kläglichen Digitalisierungsversuche der österreichischen Medienmacher und die mangelhaften Versuche, auf die großen amerikanischen Plattformökonomien zu reagieren. Wenn selbst die behäbigen deutschen Medienhäuser wie Springer, Bertelsmann und Co. in der Lage sind, neue, interessante und erfolgreiche Pilotprojekte zu starten, die der unglaublichen Medienmacht von Facebook und Google Signifikantes entgegenzustellen versuchen, warum schaffen wir das in Österreich nicht?

Wenn ich mir geniale Projekte wie mediapioneer.com in Berlin ansehe, das höchste journalistische Qualität im modernen Gewand anbieten kann, warum schaffen wir das in Österreich nicht?

Jedes kritische Wort und jeder kritische Satz in diesem Buch manifestiert und vor allem bewahrheitet sich an dem jüngst vorgestellten Prestige-Projekt „Kaufhaus Österreich". Eine milde Bewertung wäre: Bemüht, aber leider Thema verfehlt. Klasse wiederholen.

Aber mal ganz ehrlich unter uns: Darüber lacht doch die ganze Welt! Wie weit sind wir mittlerweile hinter dem Wettbewerb? Am meisten sollte uns dabei ärgern, dass hier wieder zahlreiche regierungsnahe Berater und Agenturen unser Steuergeld vernichtet haben.

Macht endlich eure Hausaufgaben, würde ich am liebsten laut rufen.

Warum senden wir unsere besten Köpfe nicht wenigstens nach Deutschland, um dort zu lernen? Besser wäre es selbstverständlich, wenn man in die Technologiezentren der Welt gehen würde. Aber da müsste man ja eine Fremdsprache können.

Denn selbst in Deutschland würde man noch nicht einmal von der Speerspitze der Entwicklung lernen, aber immerhin würden wir anfangen, uns zu öffnen und zu lernen. Ein erster Schritt.

Da ich über 15 Jahre in Deutschland studiert und gearbeitet habe, kann ich garantieren, dass Österreicher in Deutschland nicht aufgefressen werden. Im Gegenteil, ich habe niemanden kennengelernt, der nicht über Österreich und seine Einwohner begeistert gesprochen hätte.

Ich möchte nicht alles negativ über einen Kamm ziehen, denn es gibt erste vielversprechende Projekte und junge, ambitionierte Agenturen in Österreich, aber die Ausnahmen bestätigen eben die Regel.

Vor vielen Jahren wurde eine selbstzerstörerische Spirale in Gang gesetzt, von ebenjenen, die neumalklug genau die Branche derzeit steuern, die de facto heute in einem ruinösen Preiskampf darbt. Wo keine Innovation und kein Know-how ist, beginnt eben Commodity und damit der Preiskampf. Alle verlieren!

Ich habe den Eindruck, dass in der österreichischen Werbewelt nur die Mediaagenturen kräftig verdienen. Da teilen sich ein paar Agenturen den Markt auf, Wettbewerb ist nicht vorhanden, und die bedienen sich dann gleich zweimal. Einmal von der Unternehmensseite und einmal von der Medienseite. Warum sich beide Seiten das in diesem Ausmaß gefallen lassen, ist mir ein Rätsel. Wahrscheinlich glauben beide Seiten sie hätten einen guten Deal gemacht.

Zum Thema Preiskampf zurück: Ich erinnere mich noch gut an meine erste Preisverhandlung nach einem gewonnenen Pitch. Da ich die internationalen Stundensätze gut kenne und als CMO wusste, was man so im Markt zu bezahlen hat für gute bis sehr gute Qualität, nahm ich die internationalen Stundensätze der Agenturgruppe und reduzierte diese schon mal vorab um 50 Prozent (sic!), um auf österreichisches Niveau zu kommen.

Lieber Leser, ich kann Ihnen versichern, dass in Westeuropa keiner in der Früh aufstehen würde für die Stundensätze, die in Österreich bezahlt werden.

Aber mein achtjähriger Sohn würde sagen: Ist halt so.

Zurück zum Pitch. Ich rechnete nochmal die Vollkostenrechnung dagegen, damit das kein Verlustgeschäft wird und wir gingen so gut vorbereitet in den Pitch.

Nachdem wir den Pitch gewonnen hatten, setzte ich mich mit der Einkaufsabteilung des neuen Kunden zusammen. Da ich es aus der Vergangenheit gewohnt war, mit Procurement auf Augenhöhe zu kommunizieren, fasste der Leiter der Abteilung Vertrauen zu mir und zeigte mir anonymisiert, nachdem wir einen Preispunkt verhandelt hatten, der beide Seiten am Leben ließ, die Kostenvoranschläge der vier anderen Agenturen, die verloren hatten.

Wir waren mit weitem Abstand die Teuersten gewesen, rund 30 Prozent teurer als die zweitteuerste Agentur und im Vergleich zum günstigsten Anbieter waren wir in einer anderen Galaxie, bei gleichem Angebotsumfang wohlgemerkt.

Ich dachte laut nach und sagte: „Wie können die anderen Agenturen jemals profitabel arbeiten? Das geht doch nur über illegale Kickbacks."

Der Leiter Procurement meinte zu mir: „Genau, und deshalb nehmen wir diese Angebote auch gar nicht ernst."

Ich schilderte dies auch einem bekannten Pitchberater und der meinte nur abschätzig: „Wissen Sie, Herr Köfner, 90 Prozent der Geschäftsführer der Agenturen hier in Wien wissen ja nicht mal, was eine Vollkostenrechnung ist."

Glauben Sie, dass von solch einem Umfeld Besserung zu erwarten ist? Die Antwort überlasse ich Ihnen.

Letztlich bin ich überzeugter Marktwirtschaftler und von daher glaube ich an und hoffe ich auf den Nachfragedruck. Der wird das dann gnadenlos regeln.

Worauf warten wir also noch? Packen wir es an!

Besser noch: Packen Sie es an, liebe Aufsichtsräte, Geschäftsführer, Vorstände, Bereichsleiter und Firmeneigentümer. Es wird sonst keiner tun!

Die gegenwärtige Corona-Krise ist ein guter Zeitpunkt, eingefahrene Strukturen zu hinterfragen und neue Weichen zu stellen. Die rasche Entwicklung des ersehnten Corona-Impfstoffes beweist erneut, dass es immer die klugen Entscheider sind, die die Geschicke der Menschheit maßgeblich voranbringen.

Lassen Sie uns also gemeinsam den Mehltau der Selbstzufriedenheit, der über unserer Branche liegt, beseitigen, und die offensichtlichen Probleme in Chancen verwandeln, solange wir noch die Gelegenheit dazu haben.

Ich bin guten Mutes, denn viele Kontakte auf Kundenseite haben mir gezeigt, dass sich immer mehr Entscheider langsam für innovatives Denken öffnen und bereit sind, mit Expertise, woher sie auch immer kommt, zusammenzuarbeiten, und diese Qualität dann auch schätzen.

Einige neue, kleine Anbieter mit intelligenten und gut ausgebildeten Menschen sind in den letzten Jahren erfolgreich in den Markt gestartet und die vielen Workshops mit jungen Nachwuchskräften haben mir gezeigt, dass es immer noch wissbegierige, fleißige und ehrgeizige Marketingmanager und Kreative gibt. Man muss aber schon ein bisschen suchen und bereit sein, mehr als Mindestlohn zu bezahlen.

Wenn jetzt die Unternehmensseite meine oben skizzierten Punkte ernst nimmt und umsetzt, wird es zu einer gesunden Marktbereinigung kommen und damit die Zukunftsfähigkeit des Wirtschaftsstandortes Österreich nachhaltig stärken. Das wäre mein ehrlicher Wunsch und dafür lohnt es sich zu kämpfen.

Marketing und Kommunikation dürfen in Österreich nicht länger das Auffangbecken für Übriggebliebene sein, sondern müssen mit den besten Köpfen besetzt werden!

Dankeschön

Ein Drittel meines Berufslebens liegt hinter mir, in dem ich mehr erlebt habe als manch einer in seinem ganzen Berufsleben.

Sehr viele Menschen haben bisher dazu beigetragen, dass ich das alles erleben durfte und aus mir ein passabler Manager wurde. Einigen davon möchte ich hier danken.

Ich danke Thomas Knipp, der als Deutschlandchef der Brunswick Group die Grundlage zu meiner Karriere gelegt hat. Dass wir bis heute einen guten Kontakt miteinander haben, ist mir eine Ehre.

Danken möchte ich auch Heinz Kaiser, der als CEO und CFO der UCP Chemicals mir ein exzellenter Chef war. Dass wir heute gemeinsam über die Golfplätz dieser Welt ziehen, spricht Bände.

Ich danke Gottwald Kranebitter, der mir als CEO der Hypo-Alpe-Adria Bank die Möglichkeit gegeben hat, einen Dienst an der Republik Österreich zu leisten.

Ich danke Szabolcs Ference, Head of Corporate Affairs der MOL Group, und Zsolt Hernadi, CEO und Chairman der MOL Group, dass ich für eines der größten und innovativsten Unternehmen Europas arbeiten durfte. Dass ich zu beiden freundschaftliche Kontakte bis heute habe, freut mich sehr.

Ich danke Wladimir Milinovic, der mich in die politischen und wirtschaftlichen Netzwerke Ost- und Südosteuropas eingeführt hat und mir bis heute ein verlässlicher Berater und Freund ist.

Auch Ulrich Schumacher danke ich, der mir als CEO der Zumtobel Group sein Vertrauen schenkte. Lieber Uli, du bist der gescheiteste Mensch, der mir bisher begegnet ist.

Florian Haller möchte ich danken, dass ich aktiv Einblick in die Abläufe und Prozesse der besten Agentur Europas nehmen durfte und ich dabei meine Restrukturierungs- und Marketingkenntnisse nochmals verfeinern konnte.

Und ich danke Manuel Jork, der mich als Coach und Freund seit über 15 Jahren begleitet. Schön, dass du an meiner Seite warst und bist.

Natürlich danke ich ganz besonders meiner Frau Nadine, die seit über 20 Jahren an meiner Seite ist und gerade in den letzten drei harten Jahren immer ein offenes Ohr hatte und stets ein guter Ratgeber war und ist. Ich hoffe, die nächsten 20 Jahre werden genauso wunderbar!

Dominic Köfner

... 1975 geboren, ist ein international erfahrener Kommunikations- und Marketingmanager. Er studierte an der Johann Wolfgang Goethe-Universität Frankfurt am Main, der University of Wales, der Hochschule für Finance & Banking Frankfurt a.M. und startete zu Beginn seiner Karriere bei der internationalen Kommunikationsberatung Brunswick Group in London und Frankfurt. Der Weg führe ihn dann über die UCP Chemicals AG nach Österreich zur Hypo Alpe Adria Bank International AG, für die er im Auftrag des österreichischen Finanzministeriums als Leiter Kommunikation die Krisenkommunikation als Teil der sogenannten CSI Hypo steuerte. Für die MOL Group, ein Fortune-500-Konzern mit Sitz in Budapest, verantwortete er als Vice President Kommunikation und Marketing und wechselte dann als Executive Vice President für Marketing und Kommunikation zum österreichischen Leuchtenkonzern Zumtobel AG. Danach zog es ihn als Managing Director nach Wien, um die österreichische Niederlassung der international renommierten Agenturgruppe Serviceplan zu sanieren. Er ist Gründer eines Start-ups, Berater für Unternehmenskommunikation & Marketing, Juror in renommierten Jurys und mit diesem Werk nun auch Buchautor. Ein weiteres Buch ist bereits im Entstehen. Er lebt derzeit mit seiner Familie bei Wien.

Kontakt

Sie sind ein Top-Entscheider in Ihrem Unternehmen?

Sie sind an einem konstruktiven Austausch über Best-in-Class-Marketing und -Kommunikation interessiert?

Sie sind sich nicht sicher, ob Ihr Unternehmensbereich wettbewerbsfähig aufgestellt ist?

Sie sind an einer ehrlichen Analyse und Beratung interessiert?

Sie wollen nicht die billigste, sondern die beste Beratung?

Dann kontaktieren Sie mich sehr gerne!

Für weitere Informationen:

office@randalation.com